Die Arenberger im Emsland

INHALT

WIR ERBEN – Vor 200 Jahren
begann die Zeit der Herzöge
von Arenberg im Emsland

von Henning Buck — 4

**Die Arenberger und die Geschichte
des Amtes Meppen
bis zum Ende der Standesherrschaft**

von Gerd Steinwascher — 26

**Die arenbergische
Forstverwaltung
im 19. Jahrhundert**

von Michael Schmidt — 56

Champagner und Zigarren für den
Herzog, Mocca-Kaffee für die Herzogin,
ein Schiffchen für den Prinzen

Beiträge zum Aufenthalt der herzoglichen Familie
in Clemenswerth 1827

von Peter Neu —————————————————— **70**

Von Herrensitzen und Türmen
überm Land – Die Baukunst im Emsland
unter den ersten Arenbergern

von Eckard Wagner ————————————————— **78**

Die Arenberger und
das Emsland im 20. Jahrhundert
und in der Gegenwart

von Christof Haverkamp ————————————— **140**

Die großen emsländischen Wälder heute – auch ein Verdienst der Arenberger

WIR ERBEN – Vor 200 Jahren begann die Zeit der Herzöge von Arenberg im Emsland

von Henning Buck

Auf ein Kapitel deutscher, besser: europäischer Geschichte, das einen seiner Schauplätze im Land an der Ems hatte, wollen wir im Folgenden die Aufmerksamkeit lenken: Der Anlass ist durchaus willkürlicher Art – wie es eben der Fall ist bei Jubiläen und anderen ‚runden' Jahrestagen. Sie geben Anregungen zur Beschäftigung mit der Historie, Anstöße zur geistigen Begegnung mit manchem Vergangenen, woran zu denken uns Angenehmes oder Erbauliches verspricht. Sei es aus Freude am eignen Anteil eines erzielten Erfolgs, sei es aus Genugtuung über eine Erkenntnis, die wir als Lehre aus der Geschichte gezogen haben. Oder sei es, weil eine sinnstiftende Erzählung mit dem Jahrestag verbunden ist, die in die Auslagen unserer geistigen Besitztümer eingereiht zu werden verdient.

Was hat uns Erben die Geschichte der Arenberger Herzöge im Emsland heute noch zu sagen? Die Frage stellt sich unweigerlich, schließlich möchten wir am liebsten im Voraus wissen, ob die Mühe der Beschäftigung lohnt. Aber mühsam soll die Lektüre des diesjährigen Themenschwerpunkts im Jahrbuch des Heimatbundes nicht sein: Die Geschichte verspricht, unterhaltend zu werden …

Vergewissern wir uns: Was weiß das Hörensagen über die Arenberger? Da kommt sofort das Stichwort „Wald": Das Verdienst der Herzöge von Arenberg sei gewesen, dass es im Emsland auch heute noch so weite Waldgebiete gibt. Großflächige Aufforstungen hätten sie ins Werk gesetzt, wo vorher offene Sandflächen waren, die der Wind verwehte. Später irgendwann war ihre Zeit im Emsland dann zu Ende gegangen. Und heute trifft der Blick in Meppen gelegentlich den Wegweiser „Arenbergische Rentei" zum Sitz des Stadtmuseums.

Von der „Arenberg-Meppen GmbH" hörten wir, dass es sie gibt. Und dass sie – ohne dabei viel Aufhebens von sich zu machen – über einen stattlichen Besitz an Grund und Boden im Emsland verfügt, der auch lange nach Ablauf der Regentschaft der Herzöge von Arenberg mit stiller Beharrlichkeit bewirtschaftet wird. Große Waldareale unterstehen ihrer forstwirtschaftlichen Hege und Pflege, und viele Eigenheime in und um die Kreisstadt, so heißt es, stünden in Erbpacht auf Grundflächen der Nachfolgegesellschaft der einst ins Land gekommenen Herzöge von Arenberg.

I. – Wie kam es dazu? Wer waren die Herzöge von Arenberg? Was verschlug sie ins Gebiet zwischen Leer und Lingen? Wer oder was verschaffte ihnen jene Ansprüche, auf die sich der damalige Senior-Chef des Hauses Arenberg, der alte Herzog *Engelbert Ludwig* mit seinem „Besitznahmepatent" vom 1. Februar 1803 stützte?

Mehr als ein „freundlicher Gruß" nach Meppen, verkündete diese Verlautbarung seinerzeit den Anbruch einer neuen Epoche: *Wir, Ludwig Engelbert von Gottes Gnaden, Herzog zu Arenberg, des Heiligen Römischen Reiches Fürst [...], entbieten den sämtlichen Einwohnern des zu dem Hochstift und Fürstentum Münster vormals gehörig gewesenen Amts Meppen Unsere Fürstliche Gnade und alles Gute und machen denselben bekannt: Da in Gemäßheit des Friedensschlusses zu Lunéville in dem von den vermittelnden Mächten Frankreich und Russland der außerordentlichen Reichsdeputation zu Regensburg vorgelegten und von ihr angenommenen allgemeinen Entschädigungsplan das vormals Münstersche Amt Meppen mit voller Landeshoheit und allen darin gelegenen Domainen als eine weltliche und erbliche Besitzung Uns zuteil worden ist, so haben Wir beschlossen, die Regierung dieses Landesteils anzutreten [...]* [1]

Unterm Fürstenhut das arenbergische Wappen mit den drei Mispelblüten auf rotem Grund und der Devise „Christus Protector Meus"

Ein Menschenalter später, am 4. August 1875, wurde durch eine schlichte preußische Verordnung die inzwischen so genannte „Standesherrschaft" der Herzöge von Arenberg im Emsland aufgehoben. Mit diesem Begriff bezeichnete man die 1815 auf dem Wiener Kongress erzielte reichsrechtliche Verlegenheitslösung, mit der einer Gruppe von ehemaligen Territorialfürsten einerseits die ihrem Rang als Reichsstände entspringenden Ansprüche garantiert bleiben sollten, die aber andererseits dem Kreis der regierenden Fürsten- und Königshäuser nicht mehr angehörten. Die Standesherrschaft bedeutete eine eigenartige Zwischenstellung zwischen der Reichsunmittelbarkeit eines Landesherrn im alten Reich und einem gänzlichen Aufgehen in einer größeren territorialen Einheit wie

Siebter Herzog von Arenberg und Aerschot, zweiter Herzog von Meppen und Fürst von Recklinghausen – so lautete der korrekte Titel des Herzogs Prosper Ludwig (1785–1861). – Gemälde aus der Zeit um 1830 im Rathaus der Stadt Meppen

es z.B. dem vormaligen Königreich Hannover geschah, das 1866 zu einer preußischen Provinz wurde.[2]
Zwischen beiden Ereignissen lag die bewegte Geschichtsepisode um die Schicksale des 1803 zum Regenten ausgerufenen Junior-Herzogs *Prosper Ludwig* von Arenberg (1785–1861) und seiner Nachkommen – Geschicke mit dramatischen Zutaten aus Weltpolitik und Kriegsgeschehen, aus Wirtschaftsleben und Justizwesen, aus dem Zusammentreffen von Liebe, Geld und Macht, Loyalität und Verrat, Erfolg und Scheitern, Spekulation und Zufall.
Die Geschichte des Hauses Arenberg nach dem Tod Herzog *Prosper Ludwigs* und seines Sohnes und Nachfolgers *Engelbert-August* (1824–1875) ließe sich in der verzweigten Nachkommenschaft fortführen. Zahlreiche Geschwister, Nichten und Neffen und weitere Verwandte setzten die Linien des Hauses in Belgien, Deutschland, Frankreich und anderswo fort. Dabei verlöre sich zwar die politische und persönliche Verbindung zum Emsland weitgehend; die Geschichte könnte aber, was den hiesigen vormaligen Besitz des Hauses Arenberg angeht, bis in unsere Tage fortgeschrieben werden.

II. – Nur zum geringsten Teil lag das Gravitationszentrum dieser Geschichte im Emsland. Auskunft über den Beginn der Arenberger Verbindung zum Emsland, einem Territorium, das zuvor den Bischöfen des Bistums Münster unterstand, gibt das oben zitierte Patent. Den erwähnten Frieden von Lunéville schloss Napoleon im Februar 1801 mit dem habsburgischen Österreich. Als europäische Vormacht hatte Österreich seit 1799 den Zweiten Koalitionskrieg gegen das revolutionär umgestaltete Frankreich angeführt. Von den Jakobinern wurden dort die adligen Häupter als potentielle Gegner und Verräter an der Sache der *Liberté, Egalité, Fraternité* angesehen und mussten den staatlichen *terreur* der Guillotine fürchten. Schon 1790 wurden die Vorrechte des Adels abgeschafft. Auch ein Mitglied des Hauses Arenberg übrigens, ein Freund des revolutionären Grafen und Schriftstellers Mirabeau, musste unter dem Fallbeil sterben.
Die französischen Volksarmeen eroberten im Jahr 1794 nach siegreichen Kämpfen gegen die Truppen einer Koalition der alten kontinentalen Mächte große Gebiete westlich des Rheins und annektierten sie. Das altadlige Haus der Arenberger, das im Jahr 1576 vom Kaiser in den Stand von Reichsfürsten erhoben worden war und seit 1644 den Her-

zogstitel führte, verlor dabei einen Großteil seiner Besitzungen in der Eifel. Weitere Besitztümer hatten die Arenberger in Frankreich und in den vordem habsburgischen Niederlanden gegen Enteignung, Verwüstung und Diebstahl zu verteidigen.

Der Friedensschluss von Lunéville bestätigte 1801 die für die Enteigneten katastrophale Faktenlage, sah aber eine Gebietsentschädigung jener reichsfürstlichen Landesherren vor, deren Territorien zu Eroberungen Napoleons geworden waren. Das Nähere sollte eine in Augsburg tagende „Reichsdeputation" regeln, und zwar bei Gelegenheit einer schon längst von der Mehrheit der weltlichen Landesfürsten ins Auge gefassten „Säkularisierung", sprich der Enteignung und Aufteilung des kirchlichen Territorialbesitzes im Heiligen Römischen Reich Deutscher Nation.

Diese Vermögensmasse war immerhin so bedeutend, dass man nicht kleinlich verfahren musste. Die ehemaligen Besitzer weltlicher Fürstentümer und Grafschaften durften vom Reich die völlige Kompensation ihrer Verluste erwarten. Zwar wurde um die Gebietsverteilung mächtig konkurriert und gefeilscht – die zur Verfügung stehenden Gebiete wurden dabei nach ihren voraussichtlichen Jahreserträgen an Steuern und Abgaben taxiert –, schließlich aber kam es zu einer abschließenden Regelung. Die Gebietsverluste Herzog Ludwig Engelberts – das Eifel-Herzogtum Arenberg, auf etwa 20 Quadratmeilen Größe zwischen Köln und Trier gelegen, aus einer Anzahl kleinerer Teilgebiete mit rund 15 000 Einwohnern bestehend und auf rund 120 000 Gulden Jahreseinkünfte angegeben – sollten aufgewogen werden durch das alte münstersche „Amt Meppen", das 24 000 Einwohner auf 48 Quadratmeilen beherbergte und Einkünfte von 80 000 Gulden versprach, sowie das 12 Quadratmeilen große, ehemals kurkölnische Gebiet des „Vest Recklinghausen" mit 30 000 Einwohnern und 80 000 Gulden Jahreseinkünften.[3]

Über die Bewertung dieses Tausches für das Haus Arenberg bestanden unterschiedliche Auffassungen. Insbesondere gegenüber dem Amt Meppen, seinen neuen „Wüsteneyen", sorgte sich der Herzog, ob seine Erwartungen erfüllt werden könnten. Dennoch machte er im schon zitierten Besitznahmepatent den dortigen Landeskindern ein nicht geringes Versprechen:

Wie Wir übrigens zu allen dasigen Einwohnern das Vertrauen hegen, dass sie Uns als ihren Landesherrn von nun anerkennen, Unseren Anordnun-

Die emsländischen Moore – heute ein Gewinn nicht nur für das Auge. – Die Arenberger betrachteten die ihnen zugefallenen „Wüsteneyen" hingegen äußerst skeptisch

gen sich fügen und in allen Vorfallenheiten Uns ihre Treue und Anhänglichkeit bewahren werden, so erteilen Wir ihnen hinwiederum die Versicherung, dass die Beförderung ihrer Wohlfahrt jederzeit eine Unserer ersten Angelegenheiten sein werd.
Das arenbergische Besitznahmepatent blieb klassisch absolutistisch in seiner Begründung der herzoglichen Stellung („Wir ... von Gottes Gnaden"), und entsprechend herablassend klingt das wenig konkrete Versprechen der „Beförderung der Wohlfahrt der Untertanen", von denen nun Gehorsam gefordert war.
Die Meppener waren zu Untertanen einer neuen – weltlichen – Obrigkeit geworden, die in dieser Funktion den Fürstbischof von Münster ablöste. Die von der Auseinandersetzung zwischen Frankreich und seinen europäischen Nachbarn ausgehenden Veränderungen waren damit aber noch lange nicht beendet, und es sollte alles noch bewegter kommen ...

Die zeitweilige Souveränität seines Herzogstums – von Napoleons Gnaden – trug dem jungen Herzog eine kostspielige Verpflichtung ein: er hatte 1806 ein Kavallerie-Regiment für die kaiserliche Armee zu stellen, dessen Soldaten an vielen Kriegsschauplätzen Europas ihre Haut zu Markte trugen. Seine militärische Rolle als Oberst und Regimentskommandeur seiner „Chevau-Légers Belges", nach 1808 zum 27. Regiment „Chasseurs à Cheval" in der Grande Armée umgewandelt, bescherte Prosper Ludwig nicht nur große finanzielle Verluste, sondern auch viele Jahre in englischer Gefangenschaft. – Das zeitgenössische Aquarell zeigt den Herzog in der Husarenuniform der französischen „Chasseurs à Cheval".

III. – Um seine Besitzungen in den Niederlanden und in Frankreich für die Familie zu erhalten, musste Herzog Engelbert Ludwig auf seine fürstlichen Rechte in Deutschland verzichten und für die französische Staatsbürgerschaft optieren. 1806 wurde ihm dies mit der Berufung in den Senat des Kaiserreichs honoriert.

Seine Rechte auf deutschem Boden trat der Senior an seinen Sohn Prosper Ludwig ab, der dafür umgekehrt auf Erbfolgerechte außerhalb des Reichs verzichten musste. So wurde im November 1803 die Regierungsübernahme im Herzogtum Arenberg-Meppen durch den jungen Herzog erklärt, und zwar von Düsseldorf aus, wo die so genannte „Deutsche Kanzlei" der Arenberger Herzöge unter der Leitung des Hofrats Thomas Stock installiert wurde. Die Arenberger blieben nun selbst bei getrennten Familienzweigen auf Gedeih und Verderb mit Kaiser Napoleon Bonaparte verbunden, der auf dem europäischen Kontinent zunächst seinen Machtbereich ausweiten konnte. Die Ziele des Napoleon ergebenen jungen Herzogs Prosper Ludwig zu dieser Zeit waren Aufstieg und Karriere im Fahrwasser des französischen Weltenlenkers. Der Weg dahin war vorgezeichnet: Eine militärische Aufgabe war zu übernehmen und Erfolge in den Kriegszügen zu erreichen. Dafür schien er mit einer Körpergröße von 1,62 Metern nicht unbedingt prädestiniert, aber auch Napoleon selbst war ja von kleiner Statur. Und es galt für den jungen Mann, möglichst vorteilhafte familiäre Verbindungen durch eine passende Verheiratung anzuknüpfen.

Der Herbst des Jahres 1806 brachte einen preußisch-französischen Krieg, der mit der Niederlage Preußens in der Schlacht bei Jena und Auerstedt endete. Schon im Sommer des gleichen Jahres war Herzog Prosper Ludwig mit seinem Herzogtum Gründungsmitglied im „Rheinbund" geworden, dem Zusammenschluss der unter Napoleons Einfluss neu entstandenen Kleinstaaten an Frankreichs Ostgrenze. Durch die damit verbundene „Lossagung von Reich und Kaiser" hatte er völkerrechtlich die volle Souveränität seines Herzogtums erreicht. Frankreich übereignete dem Arenberger nun auch das vormals münstersche Gebiet Dülmen.

Mit der kostspieligen Verpflichtung, ein Kavallerieregiment für die Armee Napoleons aufzubauen und auszurüsten, hatte sich der Herzog zu revanchieren. Ein Großteil der Soldaten für die *Chevau-Légers d'Arenberg* sollte im französischsprachigen Belgien angeworben werden.[4] Weitere Reiter waren in den deutschen Gebieten des Herzogs aus-

NAPOLEON I.

Genau zwei Jahrzehnte hat Napoleon Bonaparte (1769–1821), Kaiser der Franzosen und „Weltenlenker" auf dem europäischen Kontinent, die Geschicke des Hauses Arenberg bestimmt. Dem „kleinen Korsen" war schon Herzog Ludwig Engelbert von Arenberg, mehr noch aber der Sohn Prosper Ludwig „auf Gedeih und Verderb" ausgeliefert. Auf politischer Ebene wie im privaten Bereich endete die kaiserliche Protektion für das Haus Arenberg jeweils in einer Katastrophe. – Zeitgenössische deutsche Lithographie, Besitz Emslandmuseum Schloß Clemenswerth zuheben. Der Herzog selbst erhielt den Oberbefehl. 1807 wurde das Regiment, das eine Stärke von gut 1 000 Mann sowie etwa 40 Offizieren erreichte, nach Berlin kommandiert, um kurz darauf zum Einsatz nach Pommern und Dänemark geschickt zu werden. Von 1809 bis 1813 war diese Truppe Teil der napoleonischen Armee in Spanien, und hier bewahrte die Gefangennahme durch gegnerische englische Truppen den befehlshabenden Herzog Prosper Ludwig im Oktober 1811 vor Schlimmerem. Er wurde nach England gebracht und erst im Mai 1814, einige Monate nach der endgültigen Niederlage Napoleons, nach Hause entlassen.

IV. – Die Beziehungen zum Schutzherrn Napoleon hatten sich für den jungen Herzog mittlerweile aus anderen Gründen verändert und bald nachteilig gestaltet: Wie auch mit anderen loyalen Verbündeten bereits praktiziert, hatte Napoleon im Februar 1808 durch Verheiratung mit einer Familienangehörigen für eine enge Bindung des Herzogs an sein Herrscherhaus gesorgt. Eine Verwandte der Kaiserin Josephine, die 18jährige Tochter eines im Kolonialdienst verdienten Kapitänleutnants und Hafenkommandanten auf der Insel Martinique, wurde zur Gemahlin des Herzogs Prosper Ludwig. Die Aussicht auf diese vorteilhafte Verbindung zum französischen Kaiser nährte Hoffnungen auf weitere Gebietszuwächse für Herzog Prosper Ludwig und das Haus Arenberg.[5] Aber die in die Ehe gedrängte *Stephanie Tascher de la Pagerie* erwies sich weder als liebende, noch als gefügige Gefährtin. Während ihr Gatte wieder dem Soldatenhandwerk nachging, residierte sie in Paris in einem von Napoleon als Mitgift erhaltenen Palais und nahm am Hofleben teil. Sie habe sich dabei dem Hause Arenberg durch große Ausgabenfreude unbeliebt gemacht und unziemliche eigene finanzielle Interessen verfolgt, ist zu lesen. Und sie habe dem Herzog Prosper Ludwig den ‚Vollzug der Ehe' verweigert, wie es heißt. Ihre Beziehungen zu Napoleon dagegen seien besser gewesen als die ihres Ehemannes, den Stephanie durch Indiskretionen in große Verlegenheit gebracht habe: Sie gab den Inhalt von Briefen Prosper Ludwigs an den Außenminister und den Generalstabschef Napoleons, an den Kaiser selbst weiter, was offenbar den Herzog schwer kompromittierte.[6] Jedenfalls ging es mit dessen Karriere nicht nur nicht mehr voran. Im Gegenteil: Im September 1810 besetzten französische Kompanien Meppen, Lathen und Papenburg, und zu Weihnachten verkündete ein Dekret Napoleons die Inbesitz-

Mit Maria Ludmilla von Lobkowicz aus reichem österreichischen Fürstenhause kehrte das Glück in das Leben des Herzogs Prosper Ludwig zurück. Die 1819 geschlossene Ehe war mit sieben Kindern gesegnet. – Gemälde im Besitz der Arenberg-Meppen GmbH

nahme Arenberg-Meppens durch Frankreich. Herzog Prosper Ludwig war seiner Souveränität als Landesherr beraubt, und ein Teil seines Domänenbesitzes wurde eingezogen. Kurz darauf wurde auch das Vest Recklinghausen enteignet und dem von Napoleons jüngerem Bruder *Jerome* regierten Großherzogtum Berg angegliedert. Nur der herzogliche Grundbesitz einschließlich der Bergrechte und eine jährliche Rente von 240 000 Francs blieben Prosper Ludwig garantiert.
Unterdessen stritten die Juristen im Ehekonflikt zwischen Prosper Ludwig und Stephanie über Vermögensansprüche, Abfindungen und Renten. Es sollte bis zum Jahr 1816 dauern, bis die Ehe gerichtlich annulliert war. Erst mit der förmlichen kirchlichen Aufhebung der Ehe im Jahr 1818 war dann die peinliche Episode, in der nach Ansicht eines Juristen „der Karren von allen Seiten in Koth geschoben"[7] worden war, soweit abgeschlossen, dass an eine neue Eheschließung gedacht werden konnte. Diese sollte weitaus glückhafter ausfallen: Mit *Ludmilla von Lobkowicz* (1798–1868) aus in Böhmen reich begütertem österreichischen Adel machte der Herzog 1819 eine sehr gute Partie.

V. – Ein anderer Teil unserer Geschichte betrifft das Wirken der arenbergischen Amtspersonen im Auftrag des Herzogs im Emsland. Nach der Bestätigung der arenbergischen Rechte durch den Wiener Kongress im Jahr 1815 verging noch ein weiteres Jahrzehnt, bevor die Einrichtung der arenbergischen Verwaltung im Emsland vollzogen wurde. Die Klärung der rechtlichen und verwaltungsmäßigen Kompetenzen und ein langes Tauziehen um die damit verbundenen Fragen der Kompensation der Verwaltungskosten kamen erst 1826 zu einem vorläufigen Ende. Erst jetzt, im Jahr der Einigung mit Hannover, besuchte Herzog Prosper Ludwig wieder einmal für mehrere Monate Schloss Clemenswerth auf dem Hümmling.
Seine politischen Gestaltungsmöglichkeiten im Emsland waren überschaubar: Die Aufsicht über die Verwaltung der vier Ämter im Lande und der Gemeinden war Sache der arenbergischen Administration, ebenso die Gewerbeaufsicht, die Aufsicht über Kirchen, Schulen und gemeinnützige Stiftungen und die öffentliche Ordnung, die „Polizeiangelegenheiten" einschließlich der Forst- und Markengerichtsbarkeit. Demgegenüber blieben dem hannoverschen Kurfürsten die Grenz- und Verfassungsfragen vorbehalten sowie die einträgliche Post- und Zollverwaltung, ferner der Chaussee- und Wasserwegebau und die höhere

Unwirtliches Emsland: Den sich über viele Quadratmeilen erstreckenden Wehsänden versuchte man sehr früh mit einer herzoglichen Forstordnung Herr zu werden. Diese sah nach der „Dämpfung" die baldige Aufforstung vor

Gerichtsbarkeit. Die zuständigen Behörden waren die Landdrostei in Osnabrück und ein Hoheitskommissariat in Meppen.

So waren es vor allem juristische Streitfragen um Verkaufserlöse für herzogliche Grundbesitzanteile, Zahlungen zur Ablösung der grundherrlichen Abgabepflicht und Abfindungen für privatisierte herzogliche Markenanteile, die einen kleinen Kreis von Administratoren und Rechtskundigen beschäftigten. Diese begannen nun, die herzoglichen Ansprüche – auch für die Zeit seiner jahrelangen Abwesenheit – einzuklagen und beizutreiben, was ihre Beliebtheit nicht erhöhen konnte.

Die weiteren Aktivitäten, d.h. die Bewirtschaftung des arenbergischen Domanialgrundbesitzes, waren Angelegenheit der herzoglichen Forstverwaltung, die die wieder mit Anteilen erstandene Landeshoheit vor Ort verkörperte. Sie bildete eine auch nach der Anzahl ihres Personals bedeutende Behörde, die auf der Grundlage einer herzoglichen Forstordnung auch über die gemeinen Markengründe und über die „Kumulativwaldungen" vieler bäuerlicher Einzelbesitzer wachen sollte. Die Forstordnung sah u.a. auch für private Besitzer die Pflicht zur „Dämpfung" vor, d.h. die Abdeckung der offenen Wehsandflächen im Herzogtum mit Gras und Heu, und sie regelte die Verpflichtung zur Neuanpflanzung. Systematisch wurden Kiefernsamen gesammelt, getrocknet und ausgesät, um Setzlinge in großer Zahl zu erhalten, mit denen dann großflächige Aufforstungen möglich wurden.

Dieses mit unterschiedlicher Intensität über Jahrzehnte verfolgte Programm knüpfte an gleichartige Versuche an, die bereits im 18. Jahrhundert unter münsterischer Landeshoheit begonnen worden waren, um der zunehmenden Erosion in Sandbodengebieten zu begegnen. Verursacht vor allem durch die seit Jahrhunderten gebräuchliche Plaggen-Düngung, d.h. das Aufbringen abgestochener Humusschichten auf die dorfnahen Esch-Flächen, hatten die zeitweise scharfen Winde in den norddeutschen Ebenen vielerorts Angriffsflächen gefunden. Aber auch die übermäßige Beweidung der Markengründe durch große Schafherden – 70 000 Schafe bevölkerten einst den Hümmling – richtete große Schäden an. Riesige Flächen waren vom Bewuchs entblößt worden und verödet. Die arenbergische Forstverwaltung musste ihre ureigene Aufgabe darin erkennen, diesen Prozess zu stoppen bzw. umzukehren, wenn die herzoglichen Ertragsansprüche überhaupt Geltung bekommen sein sollten.

Die wirtschaftlichen Ergebnisse aus den bereits jahrzehntelang forstlich bewirtschafteten Waldungen blieben indessen sehr mäßig, wie verschiedene Bestandsaufnahmen der arenbergischen Oberforstinspektoren erkennen ließen. Der Zustand der durch nachteilige Bodengegebenheiten, Wildverbiss und unerlaubtes Viehweiden sowie Schlagen von Bäumen („Waldfrevel") und durch unbeherrschte Feuer geschädigten Waldbestände bescherte immer wieder große Enttäuschungen. Und so scheint sich die Hoffnung, durch den Einsatz moderner forstlicher und agrarwirtschaftlicher Methoden aus der Forstwirtschaft im Emsland nennenswerte Überschüsse erzielen zu können, bis zum Ende des 19. Jahrhunderts nicht recht erfüllt zu haben. Auch die ab 1872 unternommenen Anstrengungen, mithilfe der Fowlerschen Dampfpflüge große Teile der ausgelaugten Böden mittels Tiefpflügens für eine erfolgreiche Aufforstung herzurichten, erwiesen sich als zweifelhaft. Zwar wurden so über 2 000 Hektar herzoglichen Grundes aufbereitet, und auch andere private Besitzungen wurden durch die Maschinen der arenbergischen Forstverwaltung tiefgepflügt. Den längerfristigen wirtschaftlichen Nutzen beurteilten indessen schon die Zeitgenossen durchaus kritisch, und die Geräte wurden schließlich verkauft.[8]

Wirtschaftlich erfolgreich und damit wegweisend für die Zukunft bis in die Gegenwart war allein das Bestreben, den herzoglichen Grundbesitz zu vergrößern. Dessen Umfang wird für den Beginn des 19. Jahrhunderts mit 2150 Hektar angegeben. Im Zuge der während der folgenden Jahrzehnte vorgenommenen Privatisierungen der „gemeinen Marken" setzte die arenbergische Verwaltung für den Herzog als landeshoheitlichen „Markenherrn" – trotz einer Vielzahl deswegen angestrengter Prozesse – Ansprüche auf Anteile von bis zu einem Drittel des Bodens oder eine entsprechende geldliche Entschädigung durch. Noch unter dem Regime Prosper Ludwigs wurde der herzogliche Grundbesitz durch Verwandlung ehemaliger Markengründe in Domanialbesitz und Zukäufe auf 4600 ha vergrößert.
Im Jahr 1890 umfaßte der Besitz dann bereits 7770 Hektar meist aufgeforsteten Landes, und bis 1935 wurden weitere 3000 Hektar herzoglichen Grundes hinzuerworben und aufgeforstet.[9]

VI. – Die Wirtschaftskraft des Hauses Arenberg, die die Investitionen im Emsland erst möglich machte, war zu diesem Zeitpunkt längst einer anderen Quelle zu verdanken, deren Ergiebigkeit am Beginn der Regentschaft Herzog Prosper Ludwigs kaum vorauszusehen gewesen war, nämlich dem mit dem Besitz des Vest Recklinghausen verbundenen Bergrecht, dem „Bergregal". Bereits im November 1802 in arenbergischen Besitz genommen, war Recklinghausen nach dem Wiener Kongress 1815 hoheitsrechtlich an Preußen gefallen, wofür dem Herzog, der hier seine Herrschaftsrechte verlor, eine angemessene Abfindung zugebilligt wurde. Dieses im Vergleich mit dem Emsland dicht besiedelte und wirtschaftlich leistungsfähigere Gebiet war für den Herzog, der nach 1815 weiter über seinen Domanialbesitz verfügen konnte, von Beginn an sehr einträglich. Hier befand sich von 1853 bis 1904 die arenbergische General-Domäneninspektion.
Aus dem Jahr 1854 datierten die ersten Entdeckungen von Steinkohlevorkommen im Vest Recklinghausen, die Prosper Ludwig und weitere Investoren zwei Jahre darauf zur Gründung der „Arenberg'schen Actiengesellschaft für Bergbau und Hüttenbetrieb" veranlassten. Der herzogliche Anteil am Stammkapital von einer Million Talern betrug zwar nur 3 Prozent. Aber aus dem verbliebenen Privileg, dem Anrecht auf den „Bergzehnten", folgten bald stetig steigende Einnahmen, an denen sich Prosper Ludwig selbst freilich nur bis zu seinem Tod 1861

19

erfreuen konnte. Betrug der Jahreserlös im Jahr 1874 schon 24 000 Reichstaler, so wurde 20 Jahre später bereits das Zehnfache vereinnahmt. Diese Zuflüsse hatten für das Haus Arenberg weiter wachsende Bedeutung. 1905 erreichte der Erlös eine Million Mark, 1918 waren es drei Millionen.

Nach dem Ende des Ersten Weltkriegs und des deutschen Kaiserreichs verfügte die junge Weimarer Republik die Aufhebung aller Standesvorrechte des Adels. Der arenbergische Industriebesitz wurde bald in Kapital- bzw. Aktiengesellschaften überführt, der Grund- bzw. Domanialbesitz des Hauses Arenberg im Emsland ging auf die heute bestehende Arenberg-Meppen GmbH über. Schon in den 1920er Jahren ging die Arenberg AG in der Essener Rheinstahl AG auf. Nur der Name lebte von 1952–1958 noch einmal in der „Arenberg-Bergbau Gesellschaft" auf. Die Förderung in Bottrop wurde 1970 in die Ruhrkohle AG eingegliedert.

VII. – Der im 19. Jahrhundert von wechselnden persönlichen und politischen Schicksalen betroffene und doch schließlich so ausdauernd seinem Haus vorstehende Herzog Prosper Ludwig ist trotz „seines Geschickes, seinen Besitzstand wiederherzustellen und erheblich auszuweiten", wie sein Nachfahr *Jean von Arenberg* anerkennend feststellt[10], doch keineswegs ausschließlich ein Mann der Kommerzien.

Im Gegenteil: Die Rechtsstellung des Adels und insbesondere der „mediatisierten", also in staatsrechtlicher Hinsicht „abgewerteten" Häuser, blieb viel zu unsicher, als dass sich der Herzog ruhig seinen Geschäften hätte widmen können: Das anmaßende „Gottesgnadentum" aller absolutistischen Herrschaft war spätestens seit 1789 weltgeschichtlich in Verruf. Nach dem Sturz Napoleons und im Mythos der Befreiungskriege hatten selbst- und nationalbewusste Bürger – von den Burschenschaften bis hin zu den Akteuren des „Vormärz" der 1840er Jahre – längst die Forderung einer „Konstitution" auf die Tagesordnung gesetzt: Eine – möglichst reichseinheitliche – politische Ordnung auf der Grundlage einer Verfassung, die die bürgerlichen Rechte wie eine unabhängige Justiz und endlich die Meinungs- und Pressefreiheit garantieren würde, sollte in Deutschland an die Stelle des restaurativen und politisch zersplitterten Reichs-Torsos treten.

Das Jahr 1830 brachte neuen revolutionären Aufruhr in Frankreich und Belgien, weswegen sich Herzog Prosper Ludwig in Richtung auf das

Als sich die politische Lage der Arenberger im Emsland geklärt hatte, rückten auch die angenehmen Seiten in dieser Region – verkörpert im Jagdschloß Clemenswerth bei Sögel – in den Mittelpunkt der herzoglichen Familie. – Jagdliches Motiv aus dem Deckenstuck

ruhige westfälische Münster aus Brüssel entfernt hatte. (In dieses Exil mussten nun zweimal wöchentlich die herzoglichen Jäger Wildbret vom Hümmling anliefern.)[11] Gleichzeitig hielt eine andere Perspektive den Herzog in Atem: Aufgrund der im Königreich der Vereinigten Niederlande von Frankreich geschürten Sprach- und Konfessionskonflikte kam es dort im gleichen Jahr zur Abtrennung eines neugegründeten „Königreiches Belgien". Ein für alle maßgeblichen Seiten akzeptabler Throninhaber wurde gesucht, und von katholischer Seite wurde der Name des Herzogs von Arenberg ins diplomatische Gespräch gebracht. War es politische Weisheit oder Überdruss? Gaben Zweifel am eigenen Sieg oder an der Dauerhaftigkeit des neuen Königreiches den Ausschlag? Jedenfalls habe Prosper Ludwig, so heißt es, auf eine förmliche Kandidatur verzichtet, und man kürte den protestantischen Prinzen Leopold von Sachsen-Coburg zum ersten konstitutionellen König Belgiens.

Nur wenige Jahre später, 1848, standen die politischen Zeichen ausgehend von Frankreich erneut auf Sturm gegen das *Ancien Régime*. Unruhen in Paris, Wien, Prag und Berlin, aber auch in kleineren deutschen

Schafhaltung und Wollwarenproduktion bildeten nur bescheidene wirtschaftliche Grundlagen. Dem Verfall ländlicher Wirtschaftsformen konnte die herzogliche Verwaltung nur schwer begegnen

Provinzstädten – auch in Westfalen, wo mancherorts adlige Wohnsitze angegriffen und geplündert wurden – machten die Zukunft unsicher. Nachdem in Frankreich unter Napoleon 1806 die Aristokratie wieder in ihre Rechte eingesetzt worden war, wurden 1848 ihre Vorrechte ein zweites Mal abgeschafft. Und der erstmalige Zusammentritt einer parlamentarischen Versammlung in der Frankfurter Paulskirche wurde zum Symbol des Bedürfnisses an politischer und sozialer Umgestaltung in Deutschland, das in einer wachsenden Anzahl von Zeitungen zu Wort kam:

Verfallende Preise für Agrarerzeugnisse und ländliche Handwerksdienste bei Fortdauer der Abgabenpflicht an die Grundherren erzeugten einen großen Bevölkerungsdruck und eine starke Ab- bzw. Auswanderung. Immer schlechter funktionierten die überkommenen ländlichen Wirtschafts- und Lebensformen. Und auch die frühindustriellen Wohn-, Arbeits- und Lebensverhältnisse in den Städten, wo vielfach eine schreiende Armut herrschte, während eine elementare „öffentliche Daseinsvorsorge" kaum bestand, riefen Unmut und Rebellion hervor. Ein Sekretär des Herzogs Prosper Ludwig machte sich diesen Reim

Gleichzeitig waren herzogliche Stiftungen wie das Ludmillenstift, das Krankenhaus in Meppen, geeignet, das Ansehen des Herzogshauses zu festigen. – Aquarell von Friedrich Zeller, nach 1870

darauf: *Das Unglück Deutschlands ist, dass die Zeitungsschreiber im Durchschnitt Habenichtse sind, daher einen geheimen Groll gegen alles Bestehende haben. So steckt der Communismus in der einen oder anderen Form mehr und mehr die Köpfe an […].*[12]
Im inzwischen längst preußischen Recklinghausen wurden bis dahin unerhörte Forderungen des Magistrats an Herzog Prosper Ludwig laut: Die Abschaffung der Abgabenpflicht wurde verlangt und der Bau eines Krankenhauses angemahnt. In dieser Zeit, in der die Herzogin Ludmilla den Leibhaftigen am Werk sah – *Man meint der Böse sei los … Was weiter kommen wird, lässt sich nicht absehen. Ganz Europa ist in einem solchen Zustand, dass es dabei nicht mit rechten Dingen zugehen kann*[13] –, entschließen sich der Herzog und seine Gattin zu symbolkräftigen karitativen Maßnahmen: In der Eifelresidenzstadt Schleiden, in Meppen und in Recklinghausen bestehen bis heute Krankenhäuser, die als großzügige Stiftungen der Herzogin Ludmilla in die Geschichte eingingen. So erwarb der Herzog als Chef des Hauses sich das Ansehen eines „Landesvaters", der neben seinen Geburtsrechten auch seine Christenpflicht zu wohltätigen Werken ernst zu nehmen bereit war.

VIII. – „Adel verpflichtet" bekanntlich, und so sah der Chef des Hauses seine bleibende Aufgabe auch darin, die Facetten seiner zweifellos herausgehobenen gesellschaftlichen Stellung angemessen zur Geltung zu bringen. Seine Einkaufspolitik zielte nicht in erster Linie auf sandige Emslandböden, sondern vor allem auf repräsentative Güter, Wälder und Herrensitze mit geografischer Orientierung an den alten arenbergischen Zentren in der Eifel, aber auch ins Rheinland und nach Westfalen, ins Emsland sowie nach Ostfriesland. Sogar eine Abtei erwarb Prosper Ludwig für sein Herzogshaus. Und so hätte der Erwerb des Schlosses Nordkirchen südlich von Münster durch seine Nachkommen im Jahr 1903 sicherlich seine Billigung gefunden.

Auf der Höhe seines Lebens erfreute sich Prosper Ludwig an seiner Sammlung alter Gemälde, die er ständig vergrößerte. Und für ein epochales, öffentlich viel diskutiertes Projekt in Deutschland engagierte er sich: Die Zeit von Romantik und Biedermeier entdeckte die Fertigstellung des Kölner Doms, dessen Bau seit dem Mittelalter kaum vorangekommen war, als ihre Jahrhundertaufgabe. In den Jahren ab 1842 amtierte Prosper Ludwig als Ehrenpräsident im Kölner Dombau-Verein und stand somit als Sponsor und Schirmherr mit an der Spitze einer Bewegung, die in der Vollendung des Doms zu Köln sowohl eine nationale Aufgabe sah als auch ein selbstbewusstes Signal der katholischen Rheinprovinz gegenüber dem ungeliebten protestantischen Preußen.

Als Prosper Ludwig, 7. Herzog von Arenberg, 76jährig im Jahr 1861 verstarb, war durch einen Familien-Fideikommiss, ein Hausgesetz, das die Erbteilung verbietet, für die Kontinuität des Hauses Arenberg gesorgt – noch über die Angliederung des Königreichs Hannover an Preußen 1866 hinaus und auch nachdem das Jahr 1875 zwei einschneidende Ereignisse brachte, nämlich den frühen Tod des 8. Herzogs von Arenberg, Engelbert August, und die wenig später erfolgende preußische Verordnung zur Aufhebung der arenbergischen Standesherrschaft. Die folgenden, politisch und wirtschaftlich dynamischen Jahre der „Gründerzeit", die Jahre des Aufstiegs des wilhelminischen Kaiserreichs und der Steigerung seiner Kolonial- und Weltmachtansprüche wie seines Zusammenbruchs, sahen auch manchen Arenberger in einer öffentlichen Funktion, z.B. den Großneffen Prosper Ludwigs, Herzog *Franz von Arenberg*, der als Abgeordneter der Zentrumspartei für die Kreise Malmédy, Monschau und Schleiden in den preußischen Provinziallandtag in Düsseldorf einzog und 1890 auch Mitglied des Reichstags wurde.

Der Tod des Hartmann de Arberch. Der Legende über den Ursprung der Arenberger entstammt das Wappen mit den Mispelblüten, die in veränderter Form heute auch das Wappen des Landkreises Emsland zieren

Dennoch blieb die Person des Herzogs Prosper Ludwig im Hause Arenberg eine Ausnahmeerscheinung im Übergang von der Adelsgesellschaft zu jener der Bürger. Den ihm vererbten bzw. übertragenen feudalen Besitz verteidigte und vermehrte er mit allen rechtlichen und politischen Mitteln nach Kräften. Es gelang ihm, diesen Besitz in ein Bündel von zukunftsträchtigen Kapitalanlagen zu verwandeln, deren Erträge nachfolgenden Generationen zufloss. Ein Gutteil dieser Anlagen wurde zu gänzlich unpersönlichem Vermögen, z.B. in Form von Stiftungen, die nun weiter an der Erfüllung jener arenbergischen Versprechung zur „Beförderung der Wohlfahrt der Untertanen" mitwirken.

So können heute auch wir dankbar sein, dass dem Herzog Prosper Ludwig erspart blieb, was einem seiner Urväter zustieß und bis auf den heutigen Tag die Entstehung des arenbergischen Hauswappens mit den drei Blüten der Mispel, einer früchtetragenden wilden Rose, erläutert: Demnach war es im Jahr 933, als der Bischof von Lüttich dem Deutschen König Heinrich I. von Sachsen seinen bewährten und ergebenen Ritter *Hartmann de Arberch* für einen Kriegszug gegen die ungläubigen Ungarn auslieh. Bei der Schlacht an der Unstrut im Thüringischen aber wurde Hartmann tödlich verwundet. In jenem Augenblick begab sich dies: „Auf sein von seinem eigenen Blute gerötetes Schild fielen drei Mispelblumen, und bevor er verschied, ritt gerade der König vorbei und verlieh ihm als Wappen dieses rote Schild mit den drei Mispelblumen."[14]

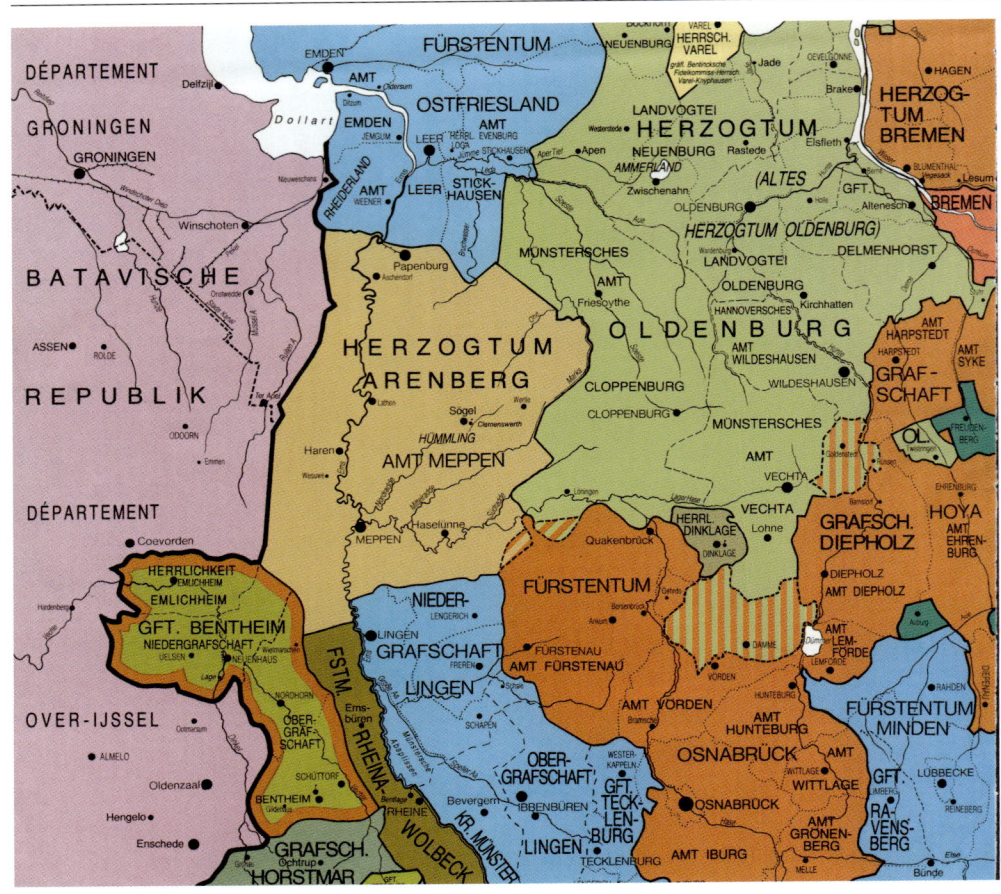

Das 1802/03 geschaffene Herzogtum Arenberg-Meppen inmitten seiner politischen Nachbarn

Die Arenberger und die Geschichte des Amtes Meppen bis zum Ende der Standesherrschaft

von Gerd Steinwascher

Man wird durchaus von großer Mobilität des deutschen Hochadels in der Vergangenheit sprechen können. Jedenfalls ist die Geschichte des Mittelalters wie der Frühen Neuzeit voller Zeugnisse der Beweglichkeit der herrschenden Geschlechter. Zumeist aber ging diese Mobilität von Stammlanden aus, von denen man versuchte, die eigenen Machtbereiche auszudehnen und neue Positionen zu besetzen. Man denke an die Wittelsbacher, die ihre jüngeren Söhne als Bischöfe bis nach Nordwestdeutschland in Amt und Würden brachten oder an den Kurfürst von Sachsen, der die polnische Königskrone erwarb. Hochadelige und adelige Geschlechter starben zwar aus wie in Nordwestdeutschland das holstein-schaumburgische Grafenhaus, die ostfriesischen Cirksena oder zuvor die Grafen von Hoya und die von Diepholz. Aber auch wenn diese Geschlechter von ihren Nachbarn bedroht waren und lehnsrechtliche Bindungen eingehen mussten, so war ihre Herrschaft selbst nicht in Frage gestellt. Selbst der Westfälische Frieden, der europäische Ausmaße hatte, restituierte mehr, als dass er veränderte. Für territoriale Veränderungen standen 1648 im Wesentlichen – wenn nicht der genealogische Zufall ein Haus erlöschen ließ wie eben zu dieser Zeit im Schaumburgischen – zuvorderst die geistlichen Staaten zur Verfügung, die bereits von protestantischen „Bischöfen" regiert worden waren.

An dieser Situation hatte sich bis zur Französischen Revolution wenig verändert. Das Heilige Römische Reich Deutscher Nation war noch immer ein territorialer Flickenteppich, wenn sich auch mit Preußen und Österreich zwei Großmächte herauskristallisiert hatten. Neben diesen beiden Kontrahenten hatten sich größere Staatengebilde halten können so wie Bayern, Sachsen und im Nordwesten des Reiches das Kurfürstentum Hannover. Die Zahl der Klein- und Kleinststaaten, die Duodezstaaten, wie sie oft verächtlich genannt wurden, war dennoch groß, so in Thüringen oder im Südwesten des Reiches, wo sich zahlreiche Reichsritter hielten.

In der Region an der Ems waren die politischen Fronten im 18. Jahrhundert eigentlich geklärt. Nach den letzten, gescheiterten Versuchen des Münsteraner Bischofs Christoph Bernhard von Galen, nach Norden und Nordwesten vorzustoßen, waren nicht unbedingt die politischen, aber die territorialen Verhältnisse stabil. Preußen hatte mit Ostfriesland und den Grafschaften Lingen und Tecklenburg einen Fuß im Raum, ebenso die Könige von England als Kurfürsten von Hannover in Osnabrück und Bentheim. Dazwischen breitete sich, flächenmäßig durchaus von Bedeutung, das geistliche Territorium des Bischofs von Münster aus. Natürlich wurden in Berlin und Hannover Säkularisierungspläne geschmiedet, Osnabrück war im Grunde in der zweiten Hälfte des 18. Jahrhunderts seit dem Regierungsantritt von Friedrich von York ein halbsäkularisiertes Stift. Es bedurfte dennoch der französischen Revolutionskriege, um die Knoten zu durchschlagen, die im Grunde zwar schon brüchig waren, aber durchaus noch hielten, weil es im Interesse der katholischen Reichsstände und vor allem Wiens war.

In Paris nahm man auf historisch gewachsene Strukturen wenig Rücksicht. Durch die Erfolge der französischen Revolutionsarmeen wurde die Grenze des Kaiserreichs Frankreich an den Rhein vorgeschoben, nördlich davon grenzte das Reichsgebiet an die von Frankreich abhängige Batavische Republik. Frankreich annektierte beträchtliche Gebiete, Köln und Mainz wurden französische Städte. Damit standen Kaiser und Reichsstände vor neuen Entscheidungen. Man musste sich dem französischen Druck beugen, erkannte die neuen Grenzen 1801 im Frieden von Lunéville an und schritt zur Tat: Im Reichsdeputationshauptschluss von 1803 wurde die Landkarte des Reiches neu gezeichnet. Dies war dort der Fall, wo noch geistliche Territorien bestanden.

Die Germania Sacra, die geistlichen Territorien des Reiches, zu denen ja auch die geistlichen Kurfürstentümer (Köln, Trier und Mainz) gehörten, wurden – so sah es der Vertrag von Lunéville ausdrücklich vor – auf dem Altar der Entschädigungen geopfert, die die französische Expansionspolitik notwendig machten. Dabei bedienten sich natürlich die größeren Staaten, auch wenn sie von der französischen Expansion nicht betroffen waren. Selbst wenn die Landkarte, die die Reichsdeputation verabschiedete, nicht von langer Dauer war, versuchte man dennoch, nochmals einen neuen Rahmen zu setzen. Wichtig war dabei, dass man auch die kleineren hochadeligen Geschlechter, die auf rechtsrheinischen Territorien geherrscht hatten, nicht vergaß.

Für den äußersten Nordwesten des Reiches hatte dies Konsequenzen. Dass das Hochstift Osnabrück dem Kurfürstentum Hannover endgültig zugeschlagen wurde, mag am wenigsten überraschen. Münster aber, sowohl Oberstift wie Niederstift, wurde in mehrfacher Hinsicht Satisfaktionsobjekt. Hier bediente sich zunächst Preußen, das große Teile des Oberstifts vereinnahmte und diese mit dem Hochstift Paderborn vereinte. Die Grafen von Oldenburg wurden für den Verzicht auf den umstrittenen Weserzoll in Elsfleth mit den Ämtern Vechta und Cloppenburg bedient. Zusätzlich aber diente das münsterische Territorium zur Schaffung kleiner Staatsgebilde, die enteignete hochadelige Geschlechter zugesprochen bekamen.[1]

Nochmals wurden auf diese Weise Duodezländer geschaffen: Das Amt Dülmen kam an den Herzog von Croy, Mitglied einer altburgundisch-wallonisch-flämischen Familie, der für niederländische Besitzungen entschädigt wurde. Er hatte ebenso wenig Beziehungen zu Westfalen wie der Herzog von Looz-Coorswarem, der aus dem burgundischen Reichskreis stammte, nun aber ein kleines Kunstgebilde an der Ems aus den Ämtern Bevergern und Wolbeck erhielt. Im Westen des alten Stifts wurden schließlich kleine Territorien für Linien der Fürsten von Salm geschaffen. Zu denen, die aus westfälischen und altmünsterischen Gebietsteilen entschädigt wurden, gehörten schließlich die Herzöge von Arenberg.

Die Herkunft der Herzöge

Der Stammsitz oder besser die Stammburg der Arenberger liegt in der Eifel, im Mittelalter ein zentraleuropäisches und politisch gewichtiges Gebiet des karolingischen Lotharingien.[2] Hier zogen die Arenberger, seit 1166/67 namentlich belegbar, ihre Fäden. Wohl seit dem frühen 11. Jahrhundert bekleideten sie das wichtige Kölner Burggrafenamt. Der Hausname Arenberg und das Wappen mit den drei goldenen Mispeln in Rot, um das sich eine schöne Legende rankt, blieben der Linie erhalten, auch dann, wenn sie nur in weiblicher Erbfolge Bestand hatte. Die einheiratenden Geschlechter beließen es bei den Symbolen, die sichtlich Macht versprachen. Denn die Arenberger beschränkten sich nicht auf ihre Besitzungen in der Eifel. Zwar verloren sie ihren Einfluss in Köln, wo selbst der Erzbischof vor der Macht des aufkommenden Bürgertums kapitulieren musste; vielmehr suchten sie Einfluss an der Maas, in die Niederlande richtete sich bald ihr Blick.

Hierfür sprechen Ehebeziehungen in den französisch-niederländischen Raum, Verbindungen zum französischen Königshaus und vor allem die Ausübung des Burggrafenamtes in Brüssel. Die Arenberger Linien vereinten immer größere, wenngleich verstreut liegende Besitzungen mit ihren Schwerpunkten in Arenberg, Sedan, Lummen und Rochefort. Sie waren in die zahllosen Fehden des ausgehenden Mittelalters verwickelt, auch in die Kämpfe mit oder gegen Karl den Kühnen und dessen burgundische Großmachtpläne. Die Schilderung ihrer Aktivitäten wäre so kompliziert wie die arenbergische Genealogie, mit der sich Bände füllen lassen.

Wichtig war für die Arenberger ihr ungetrübtes Verhältnis zum habsburgischen Kaiserhaus. Insbesondere Karl V. konnte sich auf die Arenberger verlassen, die diese Verbindung mit dem zeitweiligen Verlust ihrer Festung Arenberg bezahlen mussten. Langfristig aber zahlte sich die Beziehung zum Hause Habsburg aus, das man auch im niederländisch-spanischen Krieg als treu bleibende Katholiken unterstützte. Anfang des 16. Jahrhunderts erhielten die Arenberger vom Kaiser das Recht, den Grafentitel zu führen, 1576 wurde die Grafschaft Arenberg ein Reichsfürstentum, im 17. Jahrhundert folgte der Herzogstitel. Das im Grunde kleinräumige Fürstentum Arenberg wurde nun gar ein reichsunmittelbares Herzogtum. Die Herzöge bewährten sich auch fortan in spanischen und kaiserlichen Diensten, in Armee und Verwaltung.

Am 3. August 1750 wurde in Brüssel Ludwig Engelbert geboren, der als sechster Herzog von Arenberg die Linie fortsetzen sollte. 1778 übernahm Ludwig Engelbert nach dem Tod seines Vaters Karl Maria Raymund die Regierung. Bereits 1773 hatte er in Paris die Gräfin von Lauraguais, Luise Antoinette Pauline de Brancas-Villars, geheiratet. 1785 wurde mit Prosper Ludwig ein männlicher Nachfolger geboren. 1775 wurde Ludwig Engelbert durch einen tragischen Jagdunfall blind, was ihn jedoch nicht daran hinderte, die Regierung auszuüben und am gesellschaftlichen Leben teilzunehmen. Dieses fand nicht auf der Stammburg in Arenberg statt, sondern häufig in Paris. Sein deutsches Stammland war dem Herzog fern, er sprach kaum deutsch. Insofern war die spätere Konstellation – Trennung von Residenz bzw. Aufenthaltsort und Herrschaftsgebiet – nicht ungewöhnlich für die Arenberger. Ludwig Engelbert war offenbar durchaus ein Anhänger der Spätaufklärung: Verwaltungs- und Justizreform, Förderung der Landwirtschaft, überhaupt Innovationen aller Art interessierten den blinden Herzog.

Die Französische Revolution erlebte der Herzog hautnah in Paris. Erst im Herbst 1789 scheint Ludwig Engelbert begriffen zu haben, was die Veränderungen, die auch ins Reich hinüberschwappten, zu bedeuten hatten. Er begann sein Vermögen und Wertgegenstände aus Paris in die habsburgischen Niederlande in Sicherheit zu bringen und schließlich

Wegen des durch einen Jagdunfall verlorenen Augenlichts vielleicht fortan besonders weitsichtig: Ludwig Engelbert Herzog von Arenberg (1750–1820) trat 1778 seine Regierung an. 1802 mit dem Herzogtum Arenberg-Meppen entschädigt, übergab er ein Jahr später die Regierung an seinen Sohn Prosper Ludwig

auch sich selbst. Hier geriet er in neue Unruhen, denn die Belgier schüttelten die österreichische Herrschaft ab. Doch hatte dies keine negativen Folgen für den Herzog, der längst seine Funktionen im Dienst des Kaisers verloren hatte. Im Gegenteil: Man feierte den blinden Herzog in Brüssel und nahm ihn in die Pflicht! Es waren sicherlich die aufregendsten Wochen, die der Herzog verlebte. Die Hoffnung auf einen unabhängigen Weg Belgiens mit eigener Nationalversammlung zerschlug sich durch Märzunruhen in Brüssel. Der Herzog zog sich resignierend zurück, allerdings wieder nach Paris, wo er weiterhin versuchte, seine dortigen Vermögenswerte ins Ausland zu schaffen. Dies gelang ihm nicht ganz, allerdings konnte er sich selbst vor der Zeit des Terrors in Sicherheit bringen.

Sicherheit aber war in den nun folgenden Kriegen nur bedingt gegeben. Der Herzog blieb in Brüssel, das die Franzosen schon 1792 besetzen konnten. Die Burg in der Eifel wurde für einen Umzug der Familie vorbereitet, aber auch die Eifel war keineswegs mehr ein sicheres Rückzugsgebiet. 1794 wurde zum Schicksalsjahr der Arenberger. Die Franzosen eroberten die österreichischen Niederlande, auch Enghien, die arenbergische Klostergründung, wurde besetzt. Im Oktober 1794 erreichten die ersten französischen Soldaten Arenberg. Den Arenbergern gelang es nicht, den Emigrantenstatus zu beseitigen, was allein die Verstaatlichung ihres Besitzes hätte verhindern können. Die entstandenen Schäden waren kaum schätzbar. Möbel wurden versteigert, Wälder für die Marine abgeholzt. Der Herzog selbst reiste scheinbar ruhelos umher: Man fand ihn in Wien, in Münster oder auch in Düsseldorf.

Erst die Beruhigung der revolutionären Situation in Frankreich nach der Machtübernahme durch Napoleon Bonaparte und die damit verbundene Rehabilitation des Adels ließen Hoffnungen für die Zukunft aufkeimen. 1803/04 erreichten die Arenberger letztendlich nach langen Verhandlungen die Aufhebung des Sequesters über die arenbergischen Eigengüter; was aber bereits veräußert worden war, wurde nicht entschädigt. Dennoch sank damit der Schaden beträchtlich. Zudem hatte man seit 1801 die vertraglich abgesicherte Zuversicht, für den Verlust des Herzogtums Arenberg entschädigt zu werden. Auch wenn die meisten Arenberger ihrem Herzog nachgetrauert haben werden, weil sie in eine ungewisse französische Zukunft entlassen wurden, für Ludwig Engelbert selbst war es wichtiger, seine eigenen Ansprüche zu sichern.

Das neue Herzogtum Arenberg bis zum Wiener Kongress

Der kursorische Ausflug in die durchaus verwickelte arenbergische Geschichte im Ancien Régime und die etwas genauere Charakterisierung Ludwig Engelberts sollte deutlich gemacht haben, dass hochadelige Familien wie die Arenberger sich auf europäischem Parkett bewegten. Ludwig Engelbert war kein patriarchalisch herrschender Fürst über ein kleines Land wie etwa die Grafen und Fürsten zu Schaumburg-Lippe, die Bückeburg zu einer prächtigen Residenz ausbauten und Gelehrte an ihren Hof zogen. Ludwig Engelbert mied eher das Land, das ihm eine Virilstimme im Reichstag einbrachte, und zog es vor, in Paris und Brüssel zu residieren.

Herzog Ludwig Engelbert beteiligte sich nicht persönlich an dem Geschacher, das 1801 in Wien bzw. Regensburg einsetzte. Er beauftragte damit vielmehr den Baron Edmund von Schmitz-Grollenburg. Der Herzog hatte sozusagen aus der Zeitung erfahren, dass man ihn mit dem Vest Recklinghausen entschädigen wollte, ein Territorium, das er zwar nicht kannte, aber nicht für ausreichend hielt.[3] Man wartete mit einer Schadensrechnung von über 13 Millionen Gulden auf, wovon allein 5 800 000 Gulden Verluste auf Eigengütern in Belgien und Frankreich waren. Im September 1802 schien man sich darauf verständigt zu haben, dass neben Recklinghausen das münsterische Amt Dülmen an die Arenberger fallen sollte. Es sollte aber anders kommen.

Für das Emsland hatte es durchaus andere Pläne im Vorfeld und während der Verhandlungen gegeben. Die batavische Republik schaute begehrlich auf die linksemsischen Gebiete, sogar eine Verpflanzung des Herzogs von Mecklenburg an die Ems wurde diskutiert. Preußen schuf erst einmal dadurch Fakten, dass seine Truppen das münsterische Territorium in Besitz nahmen. Der Freiherr vom Stein verfolgte den Plan, Meppen gegen Tecklenburg einzutauschen. Auch in Hannover und Oldenburg sah man plötzlich mit Interesse auf das kleine Gebiet an der Ems. Dennoch blieb es bei dem in einem zweiten Entschädigungsprojekt gefassten Beschluss, das Amt Meppen dem Herzog von Arenberg zuzusprechen.

Man mag darüber streiten, ob die Satisfaktionsmasse für die Arenberger ausreichend war. Die linksrheinischen Verluste durch die Abtretung des Herzogtums Arenberg, der Grafschaft Kerpen und anderer Gebiete wurden auf 120 055 Gulden jährlich taxiert. Die Einkünfte der neuen

Territorien, also aus dem Vest Recklinghausen und dem Amt Meppen sollten 200 000 Gulden einbringen. Das Vest Recklinghausen war allerdings zu hoch taxiert, aber dennoch war ein materieller Ausgleich mehr als gegeben. Auch wenn dies also Schätzungen mit Unsicherheiten waren, die Arenberger konnten im Vergleich zur Situation, die sich ihnen wenige Jahre zuvor geboten hatte, eigentlich zufrieden sein. Freilich übernahmen sie vor allem mit dem Amt Meppen ein armes Land, das erst entwickelt werden musste. Freiherr vom Stein hatte hierfür sicherlich seine Pläne und auch andere finanzielle Möglichkeiten, zumal ein geschlossenes Territorium von der Küste bis nach Lingen bzw. nach Münster geschaffen worden wäre. So aber brachten die 24 000 Einwohner des Amtes Meppen nicht einmal so viel Einkünfte wie die gut 14 000 Untertanen, die die Arenberger in ihren verlorenen Stammlanden regiert hatten. Der Herzog, der mit erheblicher Mühe versuchte, Informationen über sein neues Herrschaftsgebiet zu erhalten und Innovationen in Gang zu setzen, war von dem, was schließlich an ihn gelangte, nicht gerade erbaut. Im Mai 1803 schrieb er seiner Frau von „diesem morastischen Sibirien, wo es weder Gemüse- noch Blumengarten" geben würde.

Die Arenberger wurden aber nicht nur materiell abgefunden. Die Virilstimme im Reichsfürstenrat, die auf dem verlorenen Herzogtum Arenberg gelegen hatte, wurde auf die neuen Besitzungen übertragen. Im November 1802 nahmen die Arenberger das Vest Recklinghausen in Besitz, in Meppen aber war noch preußisches Militär stationiert. Als dieses im Januar 1803 endlich abzog, konnte der blinde Herzog von Paris aus die Inbesitznahme des Amtes einleiten. Durch ein Dekret vom 1. Februar 1803 kündigte er seinen Regierungsantritt an, den der münsterische Hofrat Theodor von Olfers vorbereitete. Amtsdrost wurde der Geheime Rat Ferdinand Freiherr von Galen. Die Huldigung in Meppen, die endlich Anfang März, als die Straßen im Emsland wieder passierbar wurden, stattfand, nahmen aber die Beamten vor Ort entgegen: der Amtsrentmeister Johann Christoph Bues und der Amtsaktuar Giese.

Der Vorgang entbehrte nicht an Feierlichkeit, obwohl der Herzog weit entfernt war. Was dachte wohl die Bevölkerung des Amtes, die den neuen Herrscher ebenso wenig kannte wie dieser sein neues Land? Die Meppener Bürger jedenfalls machten brav mit und illuminierten das Rathaus, Geschütze krachten, dass die Fensterscheiben Schaden nah-

Gratulationsurkunde der Städte und Gemeinden im Herzogtum Arenberg-Meppen für Herzog Prosper Ludwig zum 50jährigen Regierungsjubiläum 1853

Das „Königlich-Hannoversche und Standesherrlich Herzoglich-Arenbergsche Gesamtobergericht", 1854–56 errichtet und 1973 abgerissen, prägte fast 120 Jahre das Bild des nördlichen Teils der Meppener Innenstadt

men; ein Festbankett war für die bessere Gesellschaft vorbereitet. Der Bericht eines Sekretärs schließt: „Diese Illumination, der Jubelton der Menschen: Es lebe der Fürst!, das Knallen der Katzenköpfe dauerte bis am frühen Morgen, und aus jedem Gesicht konnte man das Vergnügen, das Vertrauen auf unseren Fürsten bemerken." War dies übertrieben? Selbst wenn man den Überschwang wegnimmt und berücksichtigt, dass die offizielle Gelegenheit zum Feiern selten genug gegeben war, die positive Grundstimmung wird man nicht in Verdacht ziehen können. Die preußische Besatzungszeit, die Angst, Teil einer protestantischen Großmacht zu werden, dürften ausschlaggebend gewesen sein. Man kannte aus der Nähe, was eine protestantische Landesherrschaft für eine katholische Bevölkerung bedeuten konnte. Im Mai des Jahres 1803 bekam man erstmals wenigstens – aus damaliger Sicht – den Sohn des Herzogs zu sehen, auf den Land und Bevölkerung einen durchaus guten Eindruck machten.

Zudem wurde Meppen nicht abgewertet. Es blieb Sitz einer Verwaltungsmittelinstanz, die nunmehr arenbergischen Beamten waren direkt dem Herzog oder seinem Statthalter, der freilich in Recklinghausen residierte, unterstellt. Schließlich aber blieb die alte Verbindung nach Münster bestehen, denn der dortige Hofrat Olfers übernahm nach dem Tod des ersten arenbergischen Drosten von Galen dessen Aufgaben, und auch das dortige Hofgericht behielt für das Amt Meppen eine zweitinstanzliche Zuständigkeit. Es hieß später Herzoglich-Arenbergisches Hofgericht und war auch für das hinzugewonnene arenbergische Amt Dülmen zuständig. Die Verbindung ins preußische Münster war freilich nicht ohne Brisanz, denn im Grunde blieb Preußen vorerst eher feindliches Ausland. In Berlin war man über die Schaffung der Duodezstaaten in Westfalen nicht gerade glücklich, denn sie verhinderte die weiterhin gewünschte Arrondierung des Besitzes und die Verbindung zur Nordsee, die schon der Bischof von Münster in Mittelalter und Früher Neuzeit vergeblich gesucht hatte.

Der 1803 in Meppen so heftig gefeierte Herzog Ludwig Engelbert ist nie im Emsland gewesen. Im August 1803 dankte er ab, weil seine Funktion als Reichsfürst seinen Ambitionen im Kaiserreich Frankreich entgegenstand: Der Herzog musste wohl oder übel französischer Staatsbürger werden. So dankte der Herzog ab, gab Titel, die Stimme im Reichstag und seine neuen, rechtsrheinischen Besitzungen auf. Sein Nachfolger wurde der erst 18 Jahre alte Erbprinz Prosper Ludwig, der deshalb im Oktober 1803 von Kaiser Franz I. für volljährig erklärt wurde. Voraussetzung hierfür war allerdings der Verzicht Prosper Ludwigs auf alle Rechte an den arenbergischen Besitzungen im französischen Kaiserreich und auf die Möglichkeit, französischer Staatsbürger zu werden. Die Bedingungen, die zur Aufhebung des Sequesters führten, trennten also die Familie: Der blinde Herzog und die Brüder Prosper Ludwigs wurden Franzosen, Prosper Ludwig deutscher Reichsfürst.

Im November 1803 übernahm der Erbprinz die Regierung. Aber was für eine Regierung! 1803 hatten die Franzosen die Region besetzt, was auch für das Amt Meppen Folgen hatte. Als die Franzosen das Feld räumten, stand das preußische Militär bereit, den Platz der zu dieser Zeit noch verbündeten Franzosen einzunehmen. Kurhannover wurde 1806 eine preußische Beute, und in Berlin zögerte man nicht, neben Osnabrück auch die arenbergischen Besitzungen mit Militär zu belegen. Bereits im Oktober 1805 wurde Meppen von preußischen Truppen des Generals Blücher besetzt. Das preußische Westfalen sollte nun doch noch nach Norden ausgedehnt werden. Dies alles funktionierte aber nur mit französischer Zustimmung. Was blieb also dem jungen Herzog

Prosper Ludwig übrig: Er musste die Verbindung zu dem Mann suchen, der Europa in der Hand hatte: Napoleon Bonaparte. Hier halfen ihm zweifellos die Beziehungen, die sein Vater in Paris aufgebaut hatte.
Prosper Ludwig warf sich dem Korsen noch gerade früh genug in die Arme. Denn die politische Großwetterlage änderte sich erneut: Preußen schloss sich der antifranzösischen Allianz an. Der Sieg Napoleons über die Preußen rettete dem jungen Herzog seine Besitzungen, und der französische Kaiser tastete diese auch noch nicht an. Der Preis aber war nicht nur für Prosper Ludwig, sondern auch für andere Reichsfürsten hoch: Sie mussten Verbündete Napoleons werden. Dabei waren die Arenberger keineswegs Verehrer des kleinen Korsen. Ludwig Engelbert, der Napoleon durchaus beeindruckte und 1808 vom Kaiser den Grafentitel erhielt, hatte früh erkannt, was mit dem Korsen auf Europa zukam. Obwohl die Arenberger im Grunde der Machtergreifung Napoleons ihre zurückgewonnene Position verdankten, verachteten sie den Kaiser. Schon 1802 schrieb Ludwig Engelbert: „Der Despot regiert Frankreich, dieser Teufel von kleinem Konsul, ein Hitzkopf ohne Grundsätze, dieser unmoralische Korse, Malaparte."
Dies war nicht nur Arroganz eines Mitglieds des europäischen Hochadels gegenüber einem Mann, „der aus den Bergen Korsikas kommt". Es war zugleich die beschämende Erkenntnis, dass man ohne Beziehungen zu diesem Mann verloren war. So suchte der blinde Herzog weiterhin den Kontakt zu Napoleon, Gleiches galt für seinen Sohn Prosper Ludwig. Aus der Sicht nach 1814 mochte die Entscheidung fatal erscheinen, doch Alternativen standen nicht zur Auswahl. Preußen selbst hatte den Arenberger an die Brust Napoleons getrieben. Wie den Grafen und Fürsten der Rheinbundstaaten garantierte dies zunächst die Rettung der Souveränität, die ihnen das untergehende Reich nicht mehr gewährleisten konnte. Während nach dem Sieg Frankreichs Westfalen auf zwei napoleonische Staatsgebilde, das Großherzogtum Berg mit Regierungssitz in Düsseldorf und das Königreich Westphalen mit Residenz in Kassel, aufgeteilt wurde, blieben die arenbergischen Lande bestehen.
Die Allianz hatte freilich ihren Preis: Prosper Ludwig wurde Kavallerie-Oberst des arenbergischen Rheinbundkontingents, dessen Soldaten auch aus den arenbergischen Territorien, zu denen nun auch das Amt Dülmen gehörte, rekrutiert wurden. Prosper Ludwig heiratete zudem 1808 Stephanie Tascher, eine Nichte der französischen Kaiserin Josephine. Es war eine „politische Ehe", was nun nichts Außergewöhnliches

Das „Herzoglich-Arenbergsche Rentamt", 1805/06 von August Reinking in Meppen erbaut, war seit 1835 Hauptsitz der Verwaltung im Herzogtum

war. Es erstaunt allerdings ebenso wenig, dass sie nach dem Untergang Napoleons nicht standhielt: Sie wurde 1816 geschieden. Wichtiger für die arenbergischen Untertanen war die Umstrukturierung von Gerichtsverfassung und Verwaltung nach französischem Vorbild. Meppen wurde Sitz eines Arrondissements, an dessen Spitze eine Person trat, die die arenbergische Geschichte im Emsland prägen sollte: Anton Heyl. Prosper Ludwig führte den fortschrittlichen Code Civil ein und hob formal die Leibeigenschaft auf. Meppen wurde Sitz eines Distriktgerichts, dem Friedensgerichte in Meppen, Haselünne und Papenburg unterstanden.

Prosper Ludwig wird diese Reformen nicht aus Unterwürfigkeit oder aufgrund französischen Drucks durchgeführt haben. Die Angleichung an die französischen Verhältnisse kam im Amt Meppen zum Teil früher als in den benachbarten napoleonischen Staatsgebilden. Schon sein Vater war reformfreudig gewesen, ja hatte in der revolutionären Phase in Belgien den Kopf voller Neuordnungspläne gehabt. Der Herzog selbst hatte allerdings nicht die Gelegenheit, die Reformen persönlich

zu steuern und zu begutachten. Als Offizier Napoleons verbrachte er die folgenden Jahre auf den Schlachtfeldern Europas. Seine leichte Kavallerie wurde vor allem in Spanien eingesetzt, wo Napoleon erheblicher Widerstand erwuchs.
Prosper Ludwig überlebte die napoleonischen Kriege, vielleicht aber nur deshalb, weil er Ende Oktober 1811 in englische Kriegsgefangenschaft geriet. Englische Verbände, die aus Portugal nach Spanien einfielen, nahmen ihn, 15 Offiziere und 400 Mann gefangen. Über Lissabon wurde der Herzog nach England gebracht, wo er aber keineswegs Kerkerhaft erlebte, sondern sich in einer englischen Kleinstadt relativ frei bewegen konnte. Zweieinhalb Jahre sollte der Herzog in Gefangenschaft verbringen, nutzlos vertane Zeit, aber schließlich doch in Sicherheit, denn seine weitere militärische Karriere hätte in einer endgültigen Katastrophe enden können.
Prosper Ludwigs Bindung an Napoleon zahlte sich letztlich nicht aus. Schon ab 1806 brodelte die Gerüchteküche über die Zukunft der arenbergischen Lande. Das Kaiserreich Frankreich nahm ab 1810 dann keine Rücksicht mehr auf Belange von Verbündeten. Die Kontinentalsperre gegen England war wichtiger als die Souveränität eines arenbergischen Herzogs. Der ganze Nordwesten Deutschlands wurde zum Kaiserreich geschlagen, darunter auch das Amt Meppen, das ins Oberemsdepartement mit Sitz in Osnabrück eingegliedert wurde. Der Herzog verlor seine Herrschaftsgebiete und zeitweilig sogar seine Eigengüter. 1813 bekam er letztere zurück und auch eine Entschädigung zugesagt. Für das Amt Meppen legte man eine jährliche Rente von 134 000 Franc zugrunde, eine Entschädigung für die übrigen Herrschaftsgebiete sollte ihm aus dem Etat des Großherzogtums Berg gezahlt werden. Vielleicht ahnte der Herzog, dass diese Entschädigungsversprechen so viel wert waren wie das Papier, auf dem sie standen.
1811, also in dem Jahr, in dem Prosper Ludwig für seinen Einsatz für Frankreich in englische Gefangenschaft wanderte, wurde Meppen Teil des französischen Kaiserreichs. Am 3. März 1811 ergriff der kaiserliche Kommissar Baron von Bacher, vom Unterpräfekten Anton Heyl mit Salutschüssen empfangen, im Rathaus von Meppen die Herrschaft über das Amt. Die Bevölkerung nahm die neue Herrschaft scheinbar gelassen hin. Vielleicht war es für das Ansehen Prosper Ludwigs nicht einmal ungünstig, dass er die letzten Jahre der Herrschaft Napoleons nicht mehr in der Position eines von Paris völlig abhängigen Landesherrn ver-

Das „Heylsche Amtshaus" mit dem 1809 daneben errichteten „Heylschen Saalbau" an der Emsstraße in Meppen

brachte. Für die Bewohner des Amtes Meppen wurden Kontributionen und die allgemeine Wehrpflicht, die Viele in die Armeen Napoleons zwang, zu einem einzigen Schrecken. Die Niederlage Napoleons wird man auch im Amt Meppen mit einem großen Aufatmen quittiert haben, auch wenn man nun sofort wieder eine preußische Besatzung ertragen durfte und dem preußischen Regierungskommissar in Lingen unterstellt wurde.

Anton Heyl, der arenbergische Unterpräfekt, hatte 1811 sein Fähnchen in den Wind gehängt, war allerdings nicht Unterpräfekt des neuen französischen Arrondissements geworden, das zudem von Lingen aus regiert wurde. Im November 1813 gelang es ihm nicht, nun wieder den noch in Gefangenschaft gehaltenen Herzog ins Spiel zu bringen und so das Amt Meppen wieder aus der preußischen Umarmung zu lösen. Zwar wurde das Amt Meppen wiederhergestellt, aber als zunächst preußisches Amt unter der Leitung des ehemaligen Präfekten Clamor Ernst Georg von dem Bussche. Es kam noch schlimmer: Preußen beschlagnahmte wie zuvor die Franzosen auch die Allodial- und Privatgüter Prosper Ludwigs. Dessen Schicksal glich dem des kleinen Korsen, auf den der Arenberger seine Karte hatte setzen müssen.

Verwaltungspalais im herzoglichen Amt Hümmling: der ab 1828 von A.J. Niehaus errichtete Ludmillenhof in Sögel, von 1875–1932 Sitz des preußischen Landrats

Auf dem Weg zum Herzogtum Arenberg-Meppen

Es kam aber anders: Auf dem Wiener Kongress malten die Gesandten eine neue Landkarte auch für den Nordwesten Deutschlands. Das Geschacher um Land und Leute, zu dem der „tanzende Kongress" in Wien noch Zeit genug ließ, geschah freilich nicht ohne arenbergische Einmischung. Der Herzog hatte einen Gesandten geschickt, um gegen die preußische Okkupation zu protestieren, den man aber abblitzen ließ. Der Herzog von Arenberg galt als Feind, dessen Land zu besetzen natürliches Recht eines Kriegsgegners war. In Wien schwieg man über diese barsche Haltung Preußens. Im Mai 1814 ließ man den Herzog in England frei, Prosper Ludwig bekundete seinen Austritt aus dem französischen Militärdienst und eilte im September zum Kongress. Er kam zu spät, zwischen dem preußischen Gesandten Hardenberg und dem hannoverschen Vertreter, Ernst Herbert Graf Münster, hatte das Gefeilsche zu einem Ergebnis geführt: Preußen verzichtete auf seine emsländischen Besitzungen und damit erneut auf den Traum eines großen preußischen Westfalens. Das Emsland fiel vielmehr insgesamt an das Königreich Hannover. Alle Anstrengungen, dies zu verhindern,

waren vergebens; im Mai 1815 wurde das Ergebnis somit festgeschrieben. Prosper Ludwig war damit mediatisiert, d.h. er verlor seine souveräne Stellung im nunmehrigen Deutschen Bund. Der Kampf um die volle Wiedererlangung der Souveränität war aussichtslos. Zwar gab es auch nach 1814 Duodezfürsten in Deutschland, auch solche, die Verbündete Napoleons gewesen waren. Diese hatten aber die Gelegenheit gehabt, rechtzeitig vom untergehenden französischen Schiff zu springen und die Seite zu wechseln. Fürst Georg Wilhelm zu Schaumburg-Lippe gehörte zu solchen Glücksrittern, der die von Napoleon verliehene Standeserhöhung über den Wiener Kongress hinwegrettete. Prosper Ludwig hatte eine solche Chance durch seine Gefangenschaft nicht gehabt. Hätte er sie genutzt? Denkt man an die Meinung, die sein Vater vom kleinen Korsen hatte, dann wird man dies annehmen dürfen.
So war aber nicht daran zu denken, dass Hannover auf seine Beute an der Ems verzichtete. Um Argumente war man in Hannover nicht verlegen: Man habe das Land aus zweiter Hand ohne Einschränkung erhalten, und Prosper Ludwig sei nicht durch Hannover, sondern durch Napoleon mediatisiert worden. Letzteres musste aber doch zu denken geben. Auf dem Kongress hatte man durchaus ein Problem mit der Mediatisierung von ehemaligen Reichsfürsten. Grund hierfür dürfte nicht zuletzt die Angst vor einem gleichen Schicksal und die schon hierdurch gegebene Solidarität in den Kreisen des Hochadels gewesen sein. Und zu diesen Kreisen zählte Prosper Ludwig zweifellos. Zunächst erhielt er schon nach Verhandlungen in Paris auf Veranlassung des Freiherrn vom Stein am 1. Juni 1814 seine Eigengüter zurück. Der Kongress fand schließlich auch eine Lösung für die Mediatisierten, zu denen auch der Fürst von Bentheim gehörte. Neben der Anerkennung der Ebenbürtigkeit mit dem regierenden hohen Adel sollte den „abgesetzten" Fürsten eine eingeschränkte Restsouveränität zugestanden werden. Im Artikel XIV der Deutschen Bundesakte wurde die Rahmenbedingung für diese eigenartige Regelung niedergelegt, für die der Begriff Standesherrschaft steht. In Wien machte man sich nicht die Mühe, die Einzelheiten für jeden Fall auszuhandeln und festzuschreiben. Wie weit die Souveränität im Einzelfall reichte, musste ausgehandelt werden.
Vor diesem Problem stand man nun in Hannover, und man ließ sich viel Zeit dabei. Vom Wiener Kongress bis zu einer endgültigen Regelung des hannoverisch-arenbergischen Verhältnisses vergingen genau ein Dutzend Jahre. Der Herzog bewies Stehvermögen, nutzte Kontakte in

Die Gemälde „Maria mit dem Kinde inmitten von Ordensstiftern" und „Die Heilige Dreifaltigkeit" (rechts) des flämischen Malers Caspar de Crayer (1584–1669) waren einst Bestand der aren-

bergischen Gemäldegalerie in Brüssel. Als Geschenk des Herzogs Prosper Ludwig an die Pfarrkirche zu Meppen zählen sie zu den bedeutenden Kunstwerken der barocken Gymnasialkirche

London, hatte aber in den entscheidenden Jahren der Verhandlungen, die 1821 begannen, auch einen eifrigen Verfechter seiner Interessen an seiner Seite: Anton Heyl, der im Grunde seine eigene Zukunft mitgestaltete. Prosper Ludwig ernannte ihn zum Hofkammerrat und beauftragte damit einen Mann mit überlegenem, fundierten Wissen über die Verhältnisse in Meppen. Grundsätzlich musste erst einmal entschieden werden, ob eine Standesherrschaft einzurichten war oder ob man diese durch eine Abfindung umgehen konnte. Natürlich gab es in Hannover Stimmen, die für eine Abfindung eintraten, um die volle Souveränität des Königs in seinem gesamten Territorium durchzusetzen. Man ahnte sehr wohl, dass eine Standesherrschaft bei gleichzeitiger souveräner Regierung die Verwaltungsvorgänge komplizieren musste. Man wusste zudem, dass das unterentwickelte Land eine doppelte Verwaltung finanziell kaum verkraften konnte, das Amt also sogar ein Klotz am Bein des sich entwickelnden Königreichs sein musste.

Während Prosper Ludwig gegenüber Berlin nachgab und seinen Anspruch auf eine standesherrliche Mitregierung in den nun zu Preußen gehörenden ehemaligen Gebieten gegen eine Geldzahlung aufgab, wurde für das Amt Meppen eine Standesherrschaft eingerichtet. Heyl hatte bei den Verhandlungen die Maximalforderungen, zu denen auch noch die Zahlung der napoleonischen Rente gehörte, heruntergeschraubt und sich auf die Ausfeilung der standesherrlichen Rechte konzentriert, wurde doch damit – und davon konnte er ausgehen – sein künftiger Arbeitsplatz definiert. Heyl verstand sein Geschäft. Vorbild wurde für ihn die bentheimische Standesherrschaft, die 1823 unter Dach und Fach kam. Am 9. Mai 1826 wurde die Regelung der arenbergischen Standesherrschaft festgelegt.

Es war ein Gesetzeswerk von 78 Artikeln. Der König von Hannover, Georg IV. und seine Nachfolger, blieb Landesherr über das Amt Meppen. Er erließ die Gesetze, die der Herzog von Arenberg zu respektieren und seine Verwaltung umzusetzen hatte. Gleiches galt für das so wichtige Steuerrecht. Die arenbergische Verwaltung stand zudem unter der Oberaufsicht der königlichen Landesverwaltung auf oberster und mittlerer Ebene. Ein hannoverischer Hoheitskommissar wachte über die Einhaltung der Landesverfassung und war mit hoheitlichen Aufgaben wie die Abwicklung von Grenzsachen betraut. Er war zudem für die königlichen Regale (Post und Zoll) sowie für den Wege- und Wasserbau zuständig.

Haus Nienhaus wurde 1832 als Sitz der Verwaltung und als Gericht der unteren Instanz für das Amt Aschendorf erbaut

Der Herzog, zugleich geborenes Mitglied der ersten Kammer der hannoverischen Ständeversammlung, setzte wiederum Beamte ein, die die Polizeiverwaltung, zu der auch die Gewerbepolizei gehörte, und die Aufsicht über Kirchen und Schulen wahrnahmen. Die leitenden Beamten mussten vom König bestätigt werden, alle arenbergischen Beamten erhielten aber eine eigene Uniform und verdeutlichten somit auch äußerlich die standesherrliche Regentschaft. Das Amt Meppen wurde in vier herzogliche Mediatämter aufgeteilt, in Meppen, Haselünne, Sögel und Aschendorf wachten vom Herzog ernannte Amtmänner über die Interessen des Königs und des Herzogs. Die Ämter – und hierin entsprachen sie denen des Königreichs – waren zugleich Gerichte der unteren Instanz. Für die Standesherrschaft der Arenberger von Bedeutung war das Recht, ein zweitinstanzliches Gericht einzusetzen, womit die Gerichtshoheit des Herzogs also durchaus von Gewicht war. Das Gericht trug den stolzen Namen: Standesherrliche Hertzoglich-Arenbergische Justiz-Kanzlei. Sie kam in Haselünne unter.

Der Herzog erhielt schließlich zur Unterstützung seiner standesherrlichen Verwaltung 7 000 Reichstaler pro Jahr, zudem eine jährliche persönliche Rente von 3 500 Reichstalern und eine Abfindung in Höhe von 25 000 Reichstalern für das Jahrzehnt zwischen dem Abschluss des Wie-

Jagdschloß Clemenswerth – das barocke Kleinod des Emslands – wurde nach 1826 bevorzugter Sommersitz der Herzöge von Arenberg und immer wieder auch Sitz der herzoglich-arenbergischen Forstverwaltung

ner Kongresses und dem Abschluss der Verhandlungen über die standesherrlichen Rechte. Neben der Mitgliedschaft in der ersten Kammer des Königreichs durfte Prosper Ludwig den Titel Herzog führen und sich mit Durchlaucht anreden lassen.

Das Herzogtum Arenberg-Meppen bis zum Ende der Standesherrschaft

Damit war das Herzogtum Arenberg-Meppen Realität geworden. Die Probleme lagen auf der Hand. Herzogliche und königliche Verwaltung beäugten sich in ihrem Tun. Auf der einen Seite stand der königliche Hoheitskommissar, auf der anderen Seite der den Herzog vertretende Regierungsrat, den bis 1850 Anton Heyl verkörperte. Johann Georg Kaulen, der erste Hoheitskommissar des Königs, der 1831 auch für die Grafschaft Bentheim zuständig wurde, residierte direkt in Meppen. Erst 1843 wurde dieses gemeinsam geführte Kommissariat in das „neutrale" Lingen verlegt. Der Hoheitskommissar musste vor allem mit Anton Heyl auskommen, der möglichst viel Macht an sich riss. Er war nicht nur arenbergischer Regierungsrat und Leiter des Mediatamtes Meppen, er fungierte zugleich als Hofkammerrat des Herzogs, d.h. er verwaltete die arenbergischen Domänen im Amt und nahm die domanialen Rechte Prosper Ludwigs wahr. Für die bedeutenden herzoglichen Domänen bestand eine eigene Rentkammer, an die der arenbergische Lehnhof angegliedert war.

Heyls Versuch, auch die Leitung der Justizkanzlei an sich zu bringen und damit die Leitung von Verwaltung, Domänenverwaltung und Gericht zu vereinen, gelang nicht. Dies änderte aber nichts daran, dass Anton Heyl durch Heiratskreise mit den Familien verbunden war, aus denen der Herzog sein Personal schöpfen konnte. Es waren die Familien Heyl, Russel und Bödiker, die zentrale Verwaltungsstellen besetzten und damit das Herzogtum sicher im Griff hatten. Zu diesen Kreisen zählte Carl Russel, Amtmann in Sögel und später Nachfolger Heyls als Amtmann in Meppen. Das Amt Haselünne war sicher im Griff der Familie Bödiker. Die Bedeutung dieser „Mafia" war umso größer, je seltener der Herzog persönlich ins Emsland kam. Im fernen Brüssel mussten der Herzog und seine Beamten Heyl vertrauen. Dies taten sie ausgiebig, bis der Amtsmissbrauch zu offenkundig wurde. Heyl, ein langer Weggefährte Prosper Ludwigs, musste eher unehrenhaft entlassen

werden. Wie gering die personellen Alternativen für den Herzog waren, zeigt aber seine Entscheidung über die Nachfolge Heyls: Mit Matthias Deymann, Vertreter des Herzogtums in der Frankfurter Paulskirche, trat ein Mann an die Spitze der arenbergischen Verwaltung, dessen Mutter eine Heyl war. Zwar wurde die Domanialverwaltung von seinem Amt abgetrennt und einem anderen Beamten unterstellt, zerschlagen ließ sich dieser Heiratskreis aber nicht.
Es war für die Bewohner des Amtes schwer, zum Herzog ein Verhältnis aufzubauen, das von Respekt und Vertrauen geprägt war. Gemeinsam war die katholische Konfession. Wenigstens das! Man konnte aber nicht übersehen, dass der Herzog seine Rechte nutzte, um längst überfällige Reformen zu blockieren, die in Hannover endlich auf den Weg gebracht wurden. Hierzu gehörte vor allem die Ablösungsgesetzgebung, gegen die der Herzog energisch zu Felde zog. Er verklagte den König 1842 sogar vor der Deutschen Bundesversammlung. Hier offenbarte sich die Blockade, die die Standesherrschaft bedeutete. Prosper Ludwig ging es allein um seine domanialen Rechte, so auch bei den Markenteilungen, bei denen er aufgrund seiner Funktion als Markenrichter Rechte auf ein Drittel der Mark, die Tertia marcalis erhob. Man ging sogar so weit, Geld für die vor 1826 geteilten Marken zu fordern.
So verwundert es nicht, dass sich Widerstand im Land formierte. Abgaben wurden verweigert, Prozesse gegen den Herzog eingeleitet. Es gab zwar keine revolutionären Unruhen, als 1830 und 1848 die Revolution in Frankreich und im Deutschen Bund auch im Emsland als leichtes Nachbeben spürbar wurde, doch die Gegner des Herzogs machten sich bemerkbar. In Sögel kam es 1832 zu tumultartigen Szenen, aber das herzogliche Schloss blieb unversehrt[4]; in Papenburg, wo man noch zusätzlich die landsberg-velenschen Herrenrechte zu verdauen hatte, forderte man 1831 mit einer Bittschrift, 1848 gleichsam mit der schwarz-rot-goldenen Kokarde als Keule die Aufhebung der landsberg-velenschen und arenbergischen Rechte.[5] Auch sonst rumorte es im Land, doch fehlten für eine revolutionäre Bewegung die Köpfe und trotz allen Zorns über das Verhalten des Herzogs hinsichtlich der Ablösungsgesetzgebung und der Markenteilung und trotz schlechter Ernten der soziale Zündstoff. Unterstützung erhielt die Bevölkerung in ihrem Widerstand gegen die Arenberger zudem durch besonnene Juristen, die zukunftsorientierter dachten: Zu ihnen gehörten Clemens August Behnes in Lathen und Hermann Bernhard Mulert in Meppen, die ihren juristischen Sachver-

stand einzusetzen verstanden und diesen in der Öffentlichkeit wirksam zu verbreiten wussten. Es gab also ein Gegengewicht gegen den arenbergischen Verwaltungsklüngel und einen Herzog, der sich im Grunde nur noch um seine Einnahmequellen sorgte. Für diese bestand in seinen belgischen Besitzungen größere Gefahr. 1830 flüchtete Prosper Ludwig vor den revolutionären Unruhen in Brüssel nach Münster, aber auch in Clemenswerth oder Meppen wäre der Herzog sicher gewesen.

Der arenbergischen Standesherrschaft drohte also keine direkte Gefahr aus der Bevölkerung, bei der der König von Hannover allerdings immer größeres Ansehen genoss. Dieses Ansehen stieg noch durch die Neudotierung des Osnabrücker Bischofsstuhls, die 1856 beschlossen wurde: Osnabrück, zu dessen Diözese das Amt Meppen seit dem Wiener Kongress gehörte, erhielt mit Paulus Melchers endlich wieder einen Bischof. Entsprechend freundlich wurde König Georg V. empfangen, als er 1857 mit der neuen Eisenbahn durch das Emsland reiste und auch in Meppen einen Zwischenstopp einlegte. Man hatte mehrere Gründe, ihm dankbar zu sein. In der Stadt war gerade das neue Obergerichtsgebäude fertig geworden, und dieses Gebäude dokumentierte auch einen schleichenden Wandel in der Haltung Hannovers zur arenbergischen Standesherrschaft.

Selbst den reaktionärsten Kräften in Hannover, etwa einem Georg von Schele, war der fern in Brüssel weilende Herzog als Standesherr ein Dorn im Auge. In der Ablösungssache blieb man gegenüber Prosper Ludwig hart, während man dem ebenso opponierenden Bentheimer Fürsten nachgab. Zudem blockierte man nun auch in Hannover Verwaltungsreformpläne, die aus Meppen beantragt wurden. Die Finanzierung der arenbergischen Verwaltung war schwierig genug, der 1826 vereinbarten Unterstützungssumme von 7 000 Reichstalern, die Hannover jährlich zu zahlen bereit war, standen immer höhere Kosten gegenüber. Den vernünftigen Vorschlag, das Amt Haselünne aus Kostengründen aufzulösen und auf Meppen und Sögel zu verteilen – wie es später dann gemacht wurde –, lehnte man ab. Man ließ die Arenberger in ihrem Saft schmoren. Daran änderte auch die Tatsache nichts, dass es durchaus keine persönlichen Antipathien zwischen den hannoverschen Königen und dem Herzog gab, der häufiger in Hannover weilte.

Ein direkter Angriff auf die Standesherrschaft war das zweite große Reformwerk von Johann Carl Bertram Stüve: die Reform der Justizverfassung. Am 8. November 1850 wurde die Trennung von Justiz und Verwaltung im Königreich beschlossen und durch ein Justizverfassungsgesetz 1852 auch organisatorisch umgesetzt. Entsprechend wurde das Verhältnis zur arenbergischen Standesherrschaft vertraglich neu geregelt. In der ersten Instanz waren die arenbergischen Gerichtsrechte noch nicht betroffen: Neben die Ämter traten die königlich-hannoverischen und herzoglich-arenbergischen Amtsgerichte, auch in Papenburg, denn die Patrimonialgerichtsbarkeit der von Landsberg-Velen wurde durch das neue Justizgesetz endlich abgeschafft. Aber auch für die Arenberger bedeutete das Gesetz einen schweren Einbruch: Die arenbergische Justizkanzlei wurde aufgehoben, der Herzog verlor das zweitinstanzliche Gericht. Nunmehr gab es ein gemeinsames Gesamtobergericht für die Grafschaft Bentheim, die Niedergrafschaft Lingen und das Herzogtum Arenberg-Meppen mit Sitz in Meppen. Der König ernannte den Präsidenten und bestellte Ankläger und Untersuchungsrichter, dem Standesherrn blieb nur noch die Bestimmung der Stellvertreter.

1866 war zweifellos auch für die arenbergische Verwaltung ein Jahr, mit dem man große Besorgnisse verband. Die Eingliederung des Königreichs Hannover in den preußischen Staatsverband bedeutete auch für den Herzog von Arenberg, dass er nun dem König von Preußen gegenüberstand. Das Verhältnis zu Berlin war zwar nach der Regelung der arenbergischen Ansprüche unbelastet gewesen, doch gab es ja auch keine arenbergische Standesherrschaft gegenüber dem preußischen Staat. Dies änderte sich nun schlagartig. Die Furcht vor Preußen war groß, nicht nur bei den Katholiken. Dies zeigt die Reaktion im gesamten Emsland auf die Frage nach der Zuordnung der emsländischen Gebiete innerhalb Preußens. Kam es nun doch noch zur großen preußischen Provinz Westfalen? Die Blicke richteten sich eindeutig nach Hannover, nicht nur der erste katholische hannoversche Minister Ludwig Windthorst wurde zum Fürsprecher des Verbleibs bei Hannover, auch wenn es nun die preußische Provinz Hannover war. Der Anschluss an das preußische Westfalen, von den Ostfriesen befürwortet, konnte abgewendet werden. Herzog Prosper Ludwig von Arenberg erlebte diese Entwicklung nicht mehr. Er war 1861 in Brüssel, wo er zumeist residierte, verstorben. Engelbert August wurde neuer Herzog in Arenberg-Meppen.

Windthorst, unerbittlicher Gegner preußischer Zentralstaatsbestrebungen, wurde zum späten Verbündeten des arenbergischen Herzogs Engelbert August und seiner Beamten. Als hannoverscher Minister

Ludwig Windthorst (1812–1891) wurde als Abgeordneter für Meppen im Preußischen Landtag und im Deutschen Reichstag zum späten Verbündeten der arenbergischen Sache

noch verdächtig, galt er nun als Garant von Unabhängigkeit gegenüber Berlin. Nun wird man der preußischen Staatsspitze kaum vorwerfen können, sie hätte – wie einst die napoleonische Verwaltung – die neue Provinz einfach „plattgebügelt". Die Veränderungen in der Verwaltung waren vielmehr moderat, und man ließ sich Zeit mit der Angleichung an preußische Verhältnisse, die – wie in der Stadt- und Gemeindeordnung – sogar unterbleiben konnte. Der Gegensatz wuchs vielmehr aufgrund des Kulturkampfes, in dem sich Bismarck und sein winziger Gegenpart Windthorst später unerbittlich gegenüberstanden.

So überdauerte die arenbergische Standesherrschaft im Gegensatz zur Regentschaft des hannoverschen Welfenhauses zunächst das Schicksalsjahr 1866. Es verging allerdings nicht mehr als ein Jahrzehnt, bis das vollzogen wurde, was die hannoverischen Behörden Schritt um Schritt begonnen hatten. 1871 kündigte Preußen den Vertrag von 1852 fristgemäß. Das Preußische Abgeordnetenhaus forderte eine Durchsetzung der Preußischen Verfassung in allen Landesteilen. Petitionen aus dem Emsland, u.a. vom katholischen Klerus angeregt, nutzten nichts mehr, ebenso wenig eingeholte Rechtsgutachten und ein in Berlin verbissen kämpfender Windthorst. Der Herzog ging bis vor den Deutschen Bundesrat. Doch war ein Argument des preußischen Justizministers Leonhardt nicht so einfach von der Hand zu weisen: die ständige Abwesenheit des Herzogs.

Am 27. Juni 1875 wurde schließlich das Gesetz, „betreffend den standesherrlichen Rechtszustand des Herzogs von Arenberg wegen des Herzogthums Arenberg-Meppen" veröffentlicht.[6] Darin wurden mit

Zustimmung beider Häuser des preußischen Landtages die Regelungen von 1827 und 1852 über den standesherrlichen Rechtszustand der Arenberger aufgehoben. Die standesherrliche Gerichtsbarkeit und die obrigkeitliche Verwaltung durch den Herzog wurden ohne Entschädigung aufgehoben. Die standesherrlichen Beamten wurden allerdings übernommen, was einen reibungslosen Übergang und Kontinuität versprach. Der herzoglichen Familie blieben einige persönliche Vorzugsrechte, die Mitgliedern des hohen Adels in Preußen zustanden, erhalten. So durfte die herzogliche Familie im Gebiet des ehemaligen Herzogtums ins Kirchengebet aufgenommen, bei Todesfällen in der Familie konnten die Kirchenglocken geläutet werden. Der Herzog konnte sich auf eigene Kosten eine Ehrenwache halten und Diener anstellen, allerdings in einem privatrechtlichen Verhältnis. Natürlich blieb dem Herzog sein Domanialbesitz erhalten, der nach wie vor von der Meppener Rentei aus verwaltet wurde. Schul- und Patronatsrechte wurden nicht berührt.

Selbstverständlich war es Zufall, dass Herzog Engelbert August im Jahr seiner völligen Mediatisierung im Herzogtum Arenberg-Meppen verstarb. Ob die Emsländer ihm und dem herzoglichen Haus wirklich nachgetrauert haben, dürfte eher zu bezweifeln sein. Natürlich verband die Arenberger mit den Bewohnern des Herzogtums die gleiche katholische Konfession und natürlich ist es zu Stiftungen der Arenberger im Emsland gekommen. Dennoch dürfte die Entthronung des Welfenhauses 1866 die Bevölkerung mehr berührt haben; man hatte wohl kaum die arenbergische Markenpolitik vergessen; dass diese angesichts der Aufforstungspolitik der arenbergischen Verwaltung für das Emsland auch Vorteile hatte, wird man wohl nicht überblickt haben.

Waren die Arenberger nun ein Segen oder ein Klotz am Bein der emsländischen Geschichte? Beide Aussagen würden der historischen Wirklichkeit nicht gerecht. Das Schicksal des Amtes Meppen war spätestens seit der Säkularisierung des Stifts Münster fremdbestimmt. Dass man ein Geschlecht mit der Regentschaft in Meppen bedachte, das keine Beziehung zum nördlichen Westfalen hatte, war im Grunde kein Problem. War man anderes gewohnt? Die münsterischen Bischöfe des 18. Jahrhunderts hatten kein besonderes Auge auf das Land an der Ems geworfen, Clemenswerth ist hierfür kein Gegenbeispiel, sondern eher ein Beweis. In Meppen war man es gewöhnt, den Herrscher in weiter Entfernung zu wissen, was auch nicht unbedingt ein Nachteil sein musste. Das katholische Emsland hatte jedenfalls mehr Probleme mit dem einnehmenden Wesen Preußens als mit einem arenbergischen Herzog, der im fernen Brüssel residierte.

Zudem verhieß die arenbergische Herrschaft zunächst Fortschritt. Die Arenberger waren vielen Forderungen der französischen Revolution gegenüber aufgeschlossen, wenn sie auch früh sahen, welchen Irrweg Napoleon einschlug, der für sie selbst schicksalhaft wurde. Nach 1815 hatten sie als Standesherrn im Königreich Hannover nur noch bedingt Einfluss auf die Entwicklung des Herzogtums Arenberg-Meppen. Dies bedeutete in vieler Hinsicht Stillstand und produzierte einen „emsländischen Beamtenklüngel", den der Herzog nicht aufzubrechen bereit war. So wurden Reformen, zu denen man in Hannover vor allem unter Stüve bereit war, blockiert wie die Markenteilungen und die Ablösungsgesetzgebung. Dies entfremdete die Bevölkerung vom Standesherrn, zumal der König von Hannover trotz seiner lutherischen Konfession seinen Katholiken auch in Kirchenfragen entgegenkam.

So trauerte man 1866 dem welfischen Königshaus wohl mehr nach als der arenbergischen Standesherrschaft, wenn man auch diese – aus konfessionellen Gründen – gegen die preußische Politik zu verteidigen bereit war. Angesichts des hereinbrechenden Kulturkampfes erschien die arenbergische Verwaltung in anderem Licht, was jedoch deren Schicksal nicht beeinflusste. 1875 endete die arenbergische Herrschaft im Emsland, die Arenberger und ihre Domanialverwaltung aber blieben ein fester Bestandteil der Region und sind bis heute im Bewusstsein der Emsländer verankert.

Wehsande, Heide und Moor bestimmten einst das Bild der arenbergischen „Steppen" im Emsland

Die arenbergische Forstverwaltung im 19. Jahrhundert

von Michael Schmidt

Die politische und wirtschaftliche Lage im alten Amt Meppen zu Beginn des 19. Jahrhunderts

Die Arenberger waren nach dem Reichsdeputationshauptschluss vom Jahr 1803 die Herren über das Vest Recklinghausen und das so genannte alte Amt Meppen des Bistums Münster. Allerdings währten die landesherrlichen Befugnisse der Arenberger nicht lange, denn bereits 1811 wurde das alte Amt Meppen in das Kaiserreich Frankreich eingegliedert. Durch kaiserliches Dekret vom 14. April 1813, das bestimmte, dem Herzog die oben genannten Gebiete als Privateigentum zurückzugeben, gewann er einen Teil seines Einflusses zurück. Auf dem Wiener Kongress 1815 und im Abkommen mit dem Königreich Hannover aus dem Jahr 1826 blieb die private Verwaltung der herzoglichen Besitztümer im nunmehrigen Herzogtum Arenberg-Meppen, dem alten Amt Meppen, unangetastet; zudem wurden dem Herzog die Rechte eines Standesherrn für sein Herzogtum eingeräumt.
Diese standesherrlichen Rechte reichten aber nicht aus, um auf staatlicher Ebene nennenswerte wirtschaftliche Aktivitäten zu entfalten bzw. zu unterstützen; zum Beispiel lag die Durchführung überregionaler Straßenbauprojekte in den Händen des Landesherrn, des Königs von Hannover. Bei der Konzessionierung von Märkten und Schankwirtschaften hatten die standesherrlichen Ämter des Herzogtums zwar ein Vorschlagsrecht, aber auch hier entschied das Gutachten der königlichen Landdrostei Osnabrück letztendlich. Direkte Maßnahmen zur Einleitung von wirtschaftlichen Innovationen blieben dem herzoglichen Verwaltungsapparat somit versagt; die „Oberaufsicht über alle Anordnungen und Einrichtungen zur Beförderung des Handels und der Industrie [...], die Verleihung von Gewerbs-Gerechtigkeiten für Fabriken, Manufacturen und überhaupt solche Unternehmungen, die einen allgemeinen Einfluß auf den Verkehr mit dem übrigen In- und Auslande"[1] hatten, hatten die vom König eingesetzten „Ober-Landes-Collegien" in Hannover.
Allerdings wäre gerade in den Jahren nach 1815 die unbürokratische, schnelle Umsetzung wirtschaftlicher Reformen vonnöten gewesen, denn das Emsland geriet durch die kriegerischen Auseinandersetzungen zu Beginn des 19. Jahrhunderts und die neue Gebietsaufteilung infolge des Wiener Kongresses 1814/1815 wirtschaftlich immer mehr ins Hintertreffen. Die alten Handelsverbindungen insbesondere des Hümmlings ins

Oldenburger Münsterland wurden abgeschnitten; gleichzeitig erhöhten die Niederlande den Eingangszoll für viele emsländische Produkte.

*Reorganisation und erste Erfolge –
die arenbergische Forstverwaltung bis 1850*

Trotz des Verlustes der landesherrlichen Rechte und Lenkungsbefugnis übte das Haus Arenberg aus zwei Gründen in seiner emsländischen Standesherrschaft einen nennenswerten Einfluss aus: Einerseits belebte der Bau von Verwaltungs- und Gerichtsgebäuden die örtliche Wirtschaft. Obgleich diese Maßnahmen nur vorübergehender Natur waren, wurden sie dennoch als Faktor der wirtschaftlichen Hebung erwähnt.[2] Andererseits gehörte zu den standesherrlichen Rechten des Herzogs die niedere Forst- und Jagdpolizei. Auf Grund dieser Rechte plante der Herzog die Einrichtung einer Forstverwaltung und -polizei für sein Herzogtum Arenberg-Meppen.
Diese Bestrebungen hatten eine lange Vorgeschichte: Bereits 1808, lange bevor der Herzog die eben erwähnten standesherrlichen Rechte erhielt, wurden erste Reformen der Forstverwaltung in Angriff genommen[3] – so wurden 15 Personen eingestellt, unter ihnen ein Oberforstinspektor, zwei Oberförster und zehn Forstbedienstete. Aufgabe dieser Forstbediensteten, denen der im Januar 1808 ernannte Oberforstinspektor Broux aus Belgien vorstand, waren konkrete Maßnahmen wie die Unterdrückung des so genannten Holzfrevels (beispielsweise waren im Jahr 1808 im Park von Clemenswerth unerlaubterweise 24 000 Bäume gefällt worden), die Dämpfung der Sandwehen oder die Aufforstung versandeter Landstriche mit Kiefernforsten.

Die Bedeutung dieser Aufgabe zeigt sich, wenn man einen Blick auf die Flächenverteilung[4] des alten Amtes Meppen im Jahr 1780 wirft: Von 2 200 Quadratkilometern waren nur 30 Quadratkilometer (= 1,4 %) als Wald verzeichnet, davon nur 70 Hektar (= 0,03 %) als Wald mit hochstämmigem Bewuchs. Demgegenüber nahmen die offenen Sandwehen eine Fläche von 165 Quadratkilometern ein (= 7,5 %). Der Rest waren Heide- und Moorgebiete. Das fast völlige Fehlen des Waldes ist ein Hinweis auf die damalige Kargheit und Armut des Emslandes, die noch durch die sich immer weiter ausdehnenden Sandflächen vergrößert

Der Ursprung auch dieses prächtigen Mischwaldbestands liegt in arenbergischer Zeit. – Schon 1808 begannen die ersten herzoglichen Aufforstungen

wurden. Eine Aufforstung der Sandflächen war unabdingbar, um den Wert des Bodens langfristig zu erhalten.

Dem Ziel der Werterhaltung dienten auch so weitsichtig geplante Projekte wie die Umwandlung des Börgerwaldes in eine Domäne. Diesen konkreten Maßnahmen wollte die arenbergische Forstverwaltung durch den Entwurf einer umfassenden Forstordnung eine Grundlage geben[5]: Die Domanialbauern wurden in diesem Entwurf verpflichtet, eigene Baumschulen zu unterhalten, ebenso musste jede Gemeinde zwei

Baumschulen einrichten, eine für Forstbäume und eine für Obstbäume. Die Errichtung von Holzzäunen war bei schwerer Strafe verboten, stattdessen sollten lebende Hecken gesetzt werden, um den Holzvorrat zu schonen.
Allerdings scheiterten alle diese Pläne am Widerstand der Eingesessenen und der politischen Großwetterlage, denn spätestens mit dem Abzug der Franzosen im Jahr 1813 brach auch die Forstverwaltung zusammen, und den Holz- und Waldfrevlern waren nun Tür und Tor geöffnet. Es kam bis zirka 1820 zu verstärkten wilden, unplanmäßigen Abholzungen der Wälder, die dem Waldbestand viel Schaden zufügten. Dieser Missbrauch war auch deshalb möglich, weil die königlich-hannoversche Regierung als Landesherr zwar 1816/1817 eine französische Forstordnung aus dem Jahr 1809 bestätigte, aber keine Forstbehörde einsetzte, die die Einhaltung dieser Forstordnung hätte überwachen können. Der Herzog von Arenberg machte seinerseits den Vorschlag, eine Forstbehörde einzurichten und die Hälfte der Kosten zu übernehmen, indessen weigerten sich die emsländischen Gemeinden, die andere Hälfte der dazu nötigen Finanzmittel beizusteuern.[6] So blieb dem Herzog nichts anderes übrig, als vorerst nur für seine privaten Forsten und Domänen Personal einzustellen, das von ihm besoldet wurde.[7]
Die dem Forstpersonal übergeordnete Stelle zur Verwaltung der Forsten und Domänen wurde mehrfach reformiert. So ging die Domänenverwaltung, die bislang der ehemalige münstersche Amtsrentmeister Johann Christoph Bues innegehabt hatte, nach dessen Tod im Jahr 1821 auf die in Meppen errichtete arenbergische Domäneninspektion über, deren Leitung dem arenbergischen Hofkammerrat Anton Heyl oblag.[8] Als 1833 die herzoglich-arenbergische Rentkammer für die private Domanialverwaltung gebildet wurde, wurden neben Heyl die Hofkammerräte Peter Joseph Huldermann und Matthias Deymann mit der Verwaltung der Domänen betraut. Im Jahr 1850 schließlich wurde die Rentkammer vom Herzog aufgelöst, deren Nachfolgerin, die nun wieder Domäneninspektion hieß, wurde von Huldermann geleitet.
Die Unterhaltung einer quasi privaten Forstverwaltung war mit einem erheblichen finanziellen Aufwand verbunden, der das Haus Arenberg mit dazu veranlasst haben dürfte, die Forstbewirtschaftung eher nach ökonomischen als nach kameralistischen Gesichtspunkten auszurichten. Anfangs knüpften die Maßnahmen zur Aufforstung – besonders der Sandwehen – an die alten Projekte der münsterschen Bischöfe an,

Wie hier in einem Wald bei Haselünne sichtbar, wurden Wehsandflächen durch die Anpflanzung von Nadelgehölzen gedämpft: Entstanden sind abwechslungsreiche Waldbilder

denen zwar kein durchschlagender Erfolg beschieden war, aber immerhin einige positive Resultate.[9] In den 1840er Jahren setzte sich der arenbergische Regierungsrat Heyl mit Nachdruck für die Dämpfung der Flugsande ein, die die wichtigste Voraussetzung für eine erfolgreiche Aufforstung sei. Nach dem Vorbild der unter den münsterschen Bischöfen seit den 1780er Jahren durchgeführten Sandwehteilungen sollten auch die Gemeinden des Herzogtums darangehen, ihre Sandflächen unter den Berechtigten aufzuteilen, denn eine gemeinschaftliche Dämpfung brachte wegen der vielen einander widerstreitenden Interessen keinen Erfolg.[10] Ähnlich verfuhr die herzogliche Forstverwaltung bei den Kumulativforsten (das sind im Gegensatz zu den Domänen Gemeinschaftsforsten, an denen viele Eigentümer Besitzanteile hatten), in denen wegen der Schafweide die Anlage von Forstkulturen nicht möglich war.[11]

So suchte der Herzog sich möglichst seine Rechte an den Kumulativforsten auszahlen zu lassen, um den Erlös in den Erwerb weiterer privater Flächen zu investieren, mit dem Ziel, diese aufzuforsten. Diese Geschäftsstrategie setzte die arenbergische Forstverwaltung im 19. Jahrhundert konsequent um: Hatte der Herzog im Jahr 1815 noch mehr Besitzanteile an Kumulativforsten als an Privatforsten[12] – auch 1833

standen 2250 Hektar an Privatforsten Besitzungen von 2 325 Hektar an Kumulativforsten gegenüber[13] –, so war er im Jahr 1876 aller Wahrscheinlichkeit nach an keinen Kumulativforsten mehr beteiligt.[14]
Trotz aller dieser Maßnahmen, die einer kostenbewussteren Forstbewirtschaftung dienten, mussten die arenbergischen Forstbediensteten im Jahr 1855 das Fazit ziehen, dass die Aufforstungen alles in allem durch zu hohe Kulturkosten, hervorgerufen u.a. durch die notwendige Befestigung der Sandwehen und die personalintensive Pflanzung der jungen Bäume, ein Minusgeschäft waren.[15]

Schafhaltung und Wollwarenherstellung als Hemmnis der Aufforstungen

Aber nicht nur die hohen Kosten erschwerten die Durchführung der Aufforstungsprojekte des Hauses Arenberg, sondern auch der Widerstand der ortsansässigen Bevölkerung. Manche Einfriedungen von Holzungen wurden bei ungenügender Bewachung niedergerissen, um den Schafen Zutritt zu den aufgeforsteten Flächen zu verschaffen, oder die Einheimischen kochten den von der Obrigkeit erhaltenen Kiefernsamen, damit dieser nicht aufging und die Aufforstung von vornherein scheiterte.
In solchen Aktionen gipfelte der Widerstand seitens der Markgenossen gegen die Aufforstungen – ein Widerstand, der aus damaliger Sicht wohlbegründet war, denn die Schafhaltung war in Verbindung mit Wollgewinnung[16] und Strumpfstrickerei sowie dem Export der Hümmlinger Wollwaren, des so genannten Schudeguts, die Grundlage für einen ganzen „Industriezweig"[17], von dem der Wohlstand fast der gesamten Bevölkerung abhing. In der ersten Hälfte des 19. Jahrhunderts war der Hümmling wegen dieser „Industrie" der Strumpfstricker, die in zeitgenössischen Quellen als Volksgewerbe bezeichnet wurde, im Gegensatz zu späteren Jahrzehnten eine wirtschaftlich sehr gut gestellte Region. Hümmlinger Strumpfhändler errichteten Filialen in Ostfriesland und den Niederlanden.[18] Bezeichnenderweise wandten sich diese Kaufleute in Wollwaren, die indirekt von der Produktion der Schafwolle abhängig waren, gegen die Einschränkung der Schaftrift.[19]
Das alles wäre nicht weiter erwähnenswert gewesen, wäre nicht die Schafhaltung eine der Hauptursachen für die fortgesetzte Ausdehnung der Sandwehen im ehemaligen münsterschen Amt Meppen gewesen:

Schaftrift in den Weiten des Hümmlings und ein Schäfer bei seinem gleichzeitigen Nebenverdienst, dem Strumpfstricken. – 1864 ergab eine Viehzählung im Herzogtum die phantastische Zahl von 164 083 Heidschnucken: für die herzoglichen Aufforstungen waren sie lange ein Hindernis

Auch die ländliche Imkerei, die sich gerade der großen Heideflächen bediente, war zunächst von den herzoglichen Aufforstungen wenig angetan

Durch Biss und Tritt der Schafe wurde die Heidelandschaft mehr und mehr zerstört; es entstanden offene Sandflächen, die durch den beständigen Wind zu Sanddünen aufgehäuft und in Bewegung gesetzt wurden.

Die Markenteilungen – Grundvoraussetzung einer effizienten Aufforstung

Unter diesen Umständen waren Aufforstungen in den gemeindlichen Marken, in denen jeder Markgenosse seine Schafe weiden lassen durfte, im Grunde unmöglich. Erst durch die Einschränkung der Schafhaltung konnte eine effiziente Aufforstung der versandeten Heidegebiete erfolgen. Noch bei der Viehzählung von 1864 waren im Herzogtum Arenberg-Meppen 164 083 Heidschnucken gezählt worden; das entsprach einem Wert von 4 100 Heidschnucken pro Quadratmeile bei 1 400 Einwohnern.[20]
In den Folgejahren ging die Zahl der Schafe jedoch massiv zurück. Auslöser dieser Entwicklung waren die Markenteilungen in Arenberg-Meppen, die – im Vergleich mit benachbarten Regionen erst relativ spät – seit den 1860er, 1870er Jahren in Angriff genommen wurden. Nach der Teilung einer Mark gab es keine öffentlichen Flächen mehr, auf die die

In den Dörfern auf dem Hümmling schaute die Armut zum Dielentor heraus: Erst nach dem Aufkommen des Kunstdüngers begann eine Wende zum Besseren

Markgenossen unentgeltlich ihre Schafe hätten treiben können; sie waren vielmehr gezwungen, das ihnen in der Teilung zugefallene Stück Ackerland zu bestellen. Zur Schafweide reichte eine solche Parzelle jedoch nicht mehr aus. (Hierin liegt der Grund für die verspätete Durchführung der Markenteilungen; viele Markgenossen fürchteten durch den Verlust der Schafhaltung um ihr Einkommen zur Bestreitung des Lebensunterhalts.)
Neben den Markenteilungen drängten das Aufkommen des Kunstdüngers, der durch größeren Ertrag der Weideflächen die Haltung von Kühen möglich machte, und der Verfall der Preise für die Hümmlinger Wollwaren die Schafhaltung entscheidend zurück.
Das Vorantreiben der Markenteilungen ermöglichte den herzoglichen Forstbeamten eine groß angelegte Aufforstung geeigneter Flächen auf zunächst weiterhin privatwirtschaftlicher Grundlage. Dem Herzog kam hierbei zugute, dass er bei den Markenteilungen das Amt des Markenrichters ausübte. Diese Funktion sicherte ihm das Recht auf die Tertia Marcalis, den dritten Teil der zu teilenden Mark. Wenn auch dieses Recht in der Praxis und durch die Gesetzgebung stark eingeschränkt wurde (in der Regel ging bei einer Teilung ein wesentlich kleineres Gebiet als ein Drittel in den Besitz des Hauses Arenberg über), so wuchs auch durch die Markenteilungen der Grundbesitz des Herzogs,

den er als Privatmann aufforsten konnte. Einerseits konnte er über den ihm zugesprochenen Markengrund direkt verfügen, andererseits konnte er sich seinen Anteil ausbezahlen lassen und an anderer Stelle in den Erwerb von zur Aufforstung geeigneten Flächen investieren.

*Expansion und höhere Effizienz
der arenbergischen Forstverwaltung seit 1850*

Auf diese Weise konnte der Herzog seine Besitzungen stark vergrößern: Verfügte er zu Beginn des 19. Jahrhunderts im Emsland über einen Grundbesitz von zirka 2150 Hektar, so waren es im Jahr 1890 zirka 7770 Hektar.[21] Allein von 1830 bis 1870 verzeichnete das Haus Arenberg im Emsland 3500 Hektar Neuerwerbungen, die vorwiegend mit Kiefern aufgeforstet wurden.[22] Die Leistungsfähigkeit der arenbergischen Forstverwaltung im Emsland wird deutlich, wenn man bedenkt, dass von den genannten 7770 Hektar Grundbesitz im Jahr 1890 etwa 6350 Hektar aufgeforstet waren, während Heide, Moor und anderes Ödland nur noch eine Fläche von 650 Hektar ausmachten. 1851 hingegen hatten sich die herzoglichen Forsten nur über zirka 2000 Hektar erstreckt.
In der zweiten Hälfte des 19. Jahrhunderts ist somit eine Verdreifachung der Forstfläche zu verzeichnen – ein deutliches Indiz dafür, dass sich in dieser Zeit die Befolgung ökonomischer Prinzipien auf forstwissenschaftlicher Grundlage in der arenbergischen Forstverwaltung durchgesetzt hatte.[23] Die genannten Zahlen beziehen sich – und das sollte an dieser Stelle nochmals besonders betont werden – nur auf die arenbergischen Besitzungen, nicht etwa das ganze Herzogtum Arenberg-Meppen. Hier lagen die Verhältnisse an vielen Stellen noch im Argen. Bezeichnenderweise harrten noch um 1900 manche Kumulativforsten, an denen der Herzog ehemals beteiligt gewesen war, ihrer Aufforstung. Auch im Vergleich mit dem Königreich Preußen, wo die Staatsforsten zwischen 1830 und 1865 in ihrem Umfang um vier bis fünf Prozent zurückgingen und zwischen 1878 und 1900 um nur zwei Prozent wuchsen, wird die Leistung der arenbergischen Forstverwaltung deutlich.[24]
Trotz der Beschränkung auf den quasi privaten Bereich leisteten die herzoglichen Forstbeamten nicht zuletzt auf Grund ihres Fachwissens Beachtliches. Ab 1851 standen an der Spitze der arenbergischen Forstverwaltung wissenschaftlich ausgebildete Kräfte, zuerst der Oberförster

Mit dem von 1871 bis zur Jahrhundertwende eingesetzten Dampfpflug der englischen Firma John Fowler wurden mehr als 2000 Hektar von Sand- und Moorböden in herzoglichem Besitz kultiviert: eine bedeutende Leistung

Oberstein und ab 1858 der Oberforstinspektor Rudolph Clauditz[25], der auf Vorschlag von Huldermann in die herzoglichen Dienste getreten war. Unter Clauditz wurde die Effizienz der Forstverwaltung weiter gesteigert, um 1860 war im Herzogtum Arenberg-Meppen ein verlässliches Forstrechnungswesen eingeführt worden. Die Leistungsfähigkeit der arenbergischen Domänen begann zu wachsen; so konnten 1861 sogar zahlreiche kleine Bäume zur Bepflanzung der Eisenbahndämme für die Hannoversche Westbahn geliefert werden.

Der arenbergische Dampfpflug

Weil die Aufforstungsprojekte der Arenberger seit den 1860er Jahren zusehends rentabler wurden, wagte der Herzog auf Geheiß seines Oberforstinspektors Rudolph Clauditz eine für die damalige Zeit mutige

Investition: die Anschaffung eines Dampfpfluges.[26] Viele Kiefernkulturen der vorangegangenen Jahrzehnte waren letztendlich daran gescheitert, dass die Wurzeln der Kiefern nicht die zwischen 5 und 21 Zentimeter dicke Ortsteinschicht durchdringen konnten. Clauditz hatte 1871 im Osterbrock bei Meppen Heideland zur Aufforstung aufgekauft. Dabei muss er schon die Anschaffung eines Dampfpfluges in Betracht gezogen haben, denn unter den neu erworbenen Flächen befand sich meistenteils eine Ortsteinschicht, die weder mit Pferdepflügen zerstört werden konnte, weil sie zu tief lag und zu dick war, noch per Hand mit dem Spaten, weil das zu teuer geworden wäre und zudem dazu die Arbeitskräfte vor Ort nicht ausreichten. Aus diesen Gründen schlug Clauditz noch 1871 der Domäneninspektion die Anschaffung eines Dampfpfluges vor, die diese im April 1872 genehmigte.

Infolgedessen wurde bei der Firma John Fowler in Leeds, die damals der führende Hersteller von Dampfpflügen war und in Deutschland, Österreich und Russland quasi eine Monopolstellung besaß, zwei Einzylinderstraßenlokomotiven nebst Zubehör und einer Reservelokomotive als Ersatzteillager gekauft. Die Anschaffung von zwei funktionsfähigen Dampfmaschinen gibt einen Hinweis auf die Einsatzmethode des Pfluges: Die Dampflokomotiven wurden in einiger Entfernung voneinander gegenüber aufgestellt, dazwischen wurde ein Stahlseil gespannt, an dem der eigentliche Pflug befestigt war. Die Dampfmaschinen zogen den Pflug nun an den Seilen wechselseitig hin und her. Diese Arbeitsmethode bewährte sich im Großen und Ganzen. Der durchpflügte Boden eignete sich hervorragend zur Pflanzung von Kiefern, Eichen und Birken.

In den Jahren von 1871 bis 1875 arbeitete der Pflug im Osterbrock zwischen Bawinkel und Haselünne und pflügte dort 643 Hektar. Der dort angelegte Wald wurde im Jahr 1875 nach dem verstorbenen Herzog von Arenberg „Engelbertswald" genannt. Nach 1875 wurde der Dampfpflug in den Forstrevieren Meppen, Lathen und Werlte eingesetzt, wobei in den 1880er, 1890er Jahren Einsätze nur noch sporadisch stattfanden. Insgesamt wurden so 2 028 Hektar an Privatflächen des Herzogs kultiviert, was für das waldarme Emsland eine bedeutende Kulturleistung darstellte. Bedenkt man zudem, dass der Einsatz des Pfluges auch manchem Eingesessenen Arbeit gab, denn für den Betrieb der Dampfmaschinen musste Feuerholz geschlagen werden, so hat sich die absolut gesehen relativ hohe Investition in den Dampfpflug durchaus rentiert.

*Übernahme staatlicher Forstaufgaben im Rahmen
des Waldschutzgesetzes von 1875*

Die Entwicklung bis hierhin hat das kontinuierlich verstärkte Engagement der Arenberger für die Aufforstung im Emsland und die Effizienzsteigerung der Forstverwaltung gezeigt. Nicht zuletzt deshalb übertrug die Landdrostei Osnabrück als übergeordnete preußische Behörde der arenbergischen Forstverwaltung durch eine Polizeiverordnung vom 8. Mai 1871 die Dämpfung der im gemeindlichen Besitz befindlichen Sandwehen.[27]

Dieser Vorgang markiert einen Wendepunkt in der arenbergischen Forstverwaltung, denn über ihren privaten Charakter hinaus sollte sie nun auch wieder staatliche Aufgaben übernehmen. Das für ganz Preußen geltende so genannte Waldschutzgesetz vom 6. Juli 1875 erweiterte die Aufgabenstellung für die Forstverwaltung: So sollten für die Gemeindeforsten Waldgenossenschaften gebildet werden, um die Aufforstung der Gemeindesandforsten zu gewährleisten. Im Emsland gab es in diesen Forsten im Jahr 1871 noch 5380 Hektar Wehsande, die seit den 1870er Jahren unter der Ägide der arenbergischen Forstverwaltung kontinuierlich aufgearbeitet wurden. Bis 1874 wurden so in den Gemeindemarken 2500 Hektar aufgeforstet und 6500 Hektar Sandwehen gedämpft.[28] 1889 gab es im Herzogtum nur noch 2012 Hektar Wehsande. Gegen Ende des 19. Jahrhunderts war die Sanddämpfung somit auch in den Gemeindemarken bis auf einige Restflächen abgeschlossen, so dass diese Flächen schließlich im 20. Jahrhundert aufgeforstet werden konnten.

Die Idylle des Clemenswerther Parks übte große Anziehungskraft auf die herzogliche Familie aus

Champagner und Zigarren für den Herzog, Mocca-Kaffee für die Herzogin, ein Schiffchen für den Prinzen
Beiträge zum Aufenthalt der herzoglichen Familie in Clemenswerth 1827

Von Peter Neu

Der Papenburger Reeder und Kaufmann Carl Giese (1761–1839) hatte als Maire oder Bürgermeister die Geschicke seiner Vaterstadt 1810–1813 gelenkt. Nachdem der Herzog von Arenberg 1815 nach dem endgültigen Verlust seiner linksrheinischen Besitzungen als Standesherr in seinen Gütern Recklinghausen und Meppen bestätigt worden war, kam es schon bald zu engeren Kontakten zwischen dem angesehenen, reichen Papenburger Kaufmann und dem Herzog von Arenberg. Papenburger Bürger und der Pfarrer H. Grunde stellten Giese ein Zeugnis aus, das er dem Herzog übersandte. Die Papenburger lobten besonders, dass Giese seit 1791 zum Wohl der Stadt tätig sei, dass durch seine Vermittlung eine Holzschneidemühle gebaut worden sei, dass durch ihn eine Versicherungsgesellschaft entstanden sei, die bis 1812 gewirkt habe, und dass er entscheidend bei der Gründung des Armenhauses 1809/10 mitgeholfen habe. Als um 1820 der Ausbau der Ems diskutiert wurde, unterbreitete Giese dem Herzog einen Plan, eine Wasserstraße durch das westemsische Torfmoor über Rütenbrock, Twist nach Salzbergen zu bauen. Der Plan wurde zwar nicht verwirklicht, beweist aber, dass der Papenburger Kaufmann eine weitsichtige Persönlichkeit war. Giese suchte wohl auch deshalb die Nähe des Herzogs, weil die Regierung des Königreichs Hannover ihn nach 1815 nicht mehr in die Ämter einsetzte, die er vorher innegehabt hatte. So beklagte er sich noch 1827 beim Herzog von Arenberg darüber, dass trotz bester Zeugnisse das Königreich ihn *für die gehabte Gerichtsreceptur in Haselünne und das Amtsactuariat Meppen* immer noch mit einem Wartegeld vertröste, statt ihn wieder einzustellen.

Im Sommer 1826 hatte Herzog Prosper Ludwig bereits einmal sein Herzogtum an der Ems besucht. Ein Besuch mit der gesamten Familie wurde dann für das folgende Jahr 1827 geplant. Offenbar begann man bereits im Herbst 1826 mit Bauarbeiten in Clemenswerth. So belieferte Giese 1826 die Bauarbeiter am Schloss Clemenswerth mit *Dielen, Latten, Doppellatten und Steinkalck in bester Güte.* Im Frühjahr 1827 zeichnete sich ab, dass der Herzog Prosper Ludwig (1785–1861) mit seiner Gemahlin Ludmilla von Arenberg-Lobkowitz und seinen drei Kindern Luise (geb. 1820), Marie (geb. 1823) und Engelbert August (geb. 1824) nach Clemenswerth kommen sollte. Giese nutzte ein Glückwunschschreiben zum Geburtstag des Herzogs im April 1827 dazu, auf den geplanten Besuch hinzuweisen:[1] *Gott segne meine Wünsche, in der Hoffnung, daß wir das Glück haben werden, Eure Herzogliche Durchlaucht*

Schon wenige Jahre nach Übernahme des neuen Herzogtums Arenberg-Meppen verfügte Herzog Prosper Ludwig die besondere Pflege für den Clemenswerther Park

in Begleitung Höchst Dero Liebenswürdigen Frau Herzogin nebst hohen Angehörigen in diesem Sommer auf der Gränze vom Herzogthum Arenberg-Meppen empfangen zu können.
Zur selben Zeit begannen die Vorbereitungen für den Besuch der herzoglichen Familie auf Schloss Clemenswerth. So erhielt Giese den Auftrag, ein *Schiffgen, welches auf dem Bassin zu Clemenswerth schwimmen sollte,* zu beschaffen. Es sollte vor allem dem kleinen Prinzen während seines Aufenthaltes dienen. Der Kaufmann bemühte sich, auf dem *Holzmarckt zu Leer, wo dergleichen Schiffe aus dem Oldenburgischen zum Verkauf kommen, in weit geringerem Preis als selbe hier gemacht*

Waldbilder und Alleedurchblicke wie diese heutigen erfreuten die herzogliche Familie auch bereits um 1830

werden, anzukaufen. Allerdings war das Angebot auf dem Markt zu gering. Daher bat er um die Anweisung, ob er *hier* (in Papenburg) *ein derartiges Schiffgen soll machen lassen und wann selbiges fertig seyn müsse.* Allerdings berichtete Giese, dass der Schiffbau in Papenburg zur Zeit sehr *lebhaft* sei und *im vorigen Jahr haben die hiesige Schiffe guten Verdienst gehabt, welches zum Anbau von 20 neuen Seeschiffen von 60 bis 100 Lasten hiesige Schiffsrheder wieder aufgemuntert hat.*
Gleichzeitig bot er an, alle benötigten Güter aus Hamburg für den bevorstehenden Besuch der herzoglichen Familie *mit der größten Rechtschaffenheit und Treue bestens zu befördern*[2].

Die herzogliche Verwaltung in Brüssel orderte das Schiff eines J. H. Zylman aus Termunten. Es wurde am 25. Juni 1827 von Brüssel aus über Amsterdam nach Papenburg gesandt. Geladen hatte es 39 große Kisten *mit Möbel und Haushaltsgegenständen.* Die Ladung ging an Carl Giese, der für den Weitertransport nach Clemenswerth verantwortlich war. In den Kisten waren neben Kommoden, Betten, Leinenzeug, Stühlen, Sesseln, Matratzen, 4 Spiegeln, Kinderbetten auch so nützliche Dinge wie Spieltische und Schreibtafeln für den Prinzen und die Prinzessinnen.

Klassizismus und Empire kehrten um 1830 in die alten Rokoko-Kabinette ein. Das nördliche Schlafzimmer im Obergeschoss war mit himbeerroter Seide ausgeschlagen

Stock schrieb an Giese, dass man dem Schiffer eine Bescheinigung mitgegeben habe, wonach *sämtliche Gegenstände als Herzogliches des Schlosses Clemenswerth bestimmtes Eigenthum überall zollfrei in das Königreich Hannover eingeführt und ungehindert bis zu seiner Bestimmung gebracht werden wird.* Mit der detaillierten Liste, auf der vermerkt war, was sich in den einzelnen Kisten befand, gab Stock an Giese den guten Rat *bei dem Ausladen aus dem Schiffe und dem Wiederverladen auf die Wägen große Sorge zu haben, daß nichts verbrochen oder verdorben werde.* Bei Regenwetter müssten die Wagen von Papenburg bis Clemenswerth bedeckt werden, damit nichts *verderbe.* Nach der *Ankunft der Effekten in Clemenswerth wird ein herzoglicher Tapezierer in Clemenswerth eintreffen, um das Schloß anständig einzurichten.*[3] In der Tat wissen wir von einem Tapezierer Meilhac, der im Juli 1827 in Clemenswerth arbeitete.[4] Als Giese ihn bei seiner Arbeit besuchte, bewunderte er vor allem die *Herzogliche Tuchezier* und lobte, dass die Leinwand *nicht den mindesten Schaden erlitten habe*.[5]

Inzwischen aber hatte der Papenburger Kaufmann auch aus Brüssel Anweisung erhalten, was er noch alles für den bevorstehenden Aufenthalt der herzoglichen Familie zu beschaffen habe. Damit es dem Herzog und seiner Familie an nichts fehle, sollte er *zwei Kisten Champagner, 5 kleine Börde Englische Raffinade, ... 1 Balgen feiner Mocca Caffee, ein Kistgen Corinthen, 1 kleines Kistgen Zitronen, 1 dto. Orangen, 3 Kistgen Brunellen, 50 Pfd. Carolina Reis, 20 Pfd. feiner Sago, 20 Pfd. Maccaroni, 30 Krüge frisches Selzer-Wasser, 20 Bouteillen Teneriffa Wein, 20 Bouteillen Xeres Wein, 1 Kistgen span. Cigarren* beschaffen. Giese war eifrig bemüht, alles für den Aufenthalt zu besorgen, damit er dazu beitrage, *höchst dessen Aufenthalt angenehm machen zu können*.[6] Eine besondere Anweisung Stocks aber betraf erneut *das für den Clemenswerther Bassin bestimmte Schiffchen, das spätestens Ende Juli an Ort und Stelle* sein müsse.[7]

Giese bot dem Herzog auch an, ihm und der ganzen Familie Papenburg zu zeigen, *um sich von der Lage Papenburgs, dessen Schiffbau und Torfgraberey und Industrey zur Genüge überzeugen zu können*. Für einen

Im Rundsaal des Schlosses erinnerte die barocke Einrichtung mit Tischen und Stühlen auch jetzt an die intimen Jagdsoupers in kurfürstlicher Zeit

angenehmen Aufenthalt und eine gute Bewirtung werde man in der Stadt sorgen.[8]

Herzog Prosper Ludwig traf mit seiner Gemahlin Herzogin Ludmilla und den Kindern am 11. August 1827 *gesund und wohlbehalten* in Meppen ein.[9] Obwohl sie sich alle Feierlichkeiten verbeten hatten, so *war man in Meppen doch von Anstalten zum feierlichen Empfang nicht abzubringen. Eine Anzahl junger Leute, alle schwarz gekleidet und gut beritten, kam unter Anführung des Kaufmanns Müller Frye Ihre Durchlauchten bis Hesepe entgegen, wohin auch Richter Boedicker gekommen war, um Höchstdieselbe*

Das Antichambre im Obergeschoß des Zentralpavillons blieb bis 1945 in seiner ursprünglichen Ausstattung erhalten

in einer Rede zu bewillkommnen. Hierauf ging der Zug unter dem Vorritte der Cavallerie, unter dem Geläute aller Glocken, unter errichteten Ehrenpforten in Meppen ein, wo am Absteige Quartier Ihre Durchlauchten der Magistrat und die Geistlichkeit und andere erste Beamten Höchstdieselbe empfingen und ihre Ehrfurcht bezeigten. Am folgenden Morgen, nachdem abends vorher die Stadt illuminiert und überall mit passenden Transparenten mannigfaltiger Ort versehen war, welche Ihre Durchlauchten nach dem Souper noch besahen, wobei ich Hochdieselbe mit Herrn Heyl begleitete, hörten Höchstdieselbe die Messe um $^1\!/_2$ 10 in der Residenzkirche. Nach dem Frühstück und nach dem Empfang verschiedener Persönlichkeiten ging der Zug *unter dem Geläute aller Glocken und unter gleichen Feierlichkeiten wie beim Einzuge nach Clemenswerth,*

wo Ihre Durchlaucht nachmittags um ½ 4 ebenso wohl und gesund mit den Kindern ankamen. Kurz, es war überall ein gewaltiges Spektakel und ein unermeßlicher Zusammenlauf von Menschen. Ihre Durchlaucht der Herzog und Ihre Durchlaucht die Herzogin scheinen aber über alles dieses sehr vergnügt zu seyn und haben es mit Wohlgefallen angenommen.
Über die Einzelheiten des Aufenthalts in Clemenswerth wissen wir nichts. Es ist daher auch nicht überliefert, ob der kleine Prinz Engelbert August, der damals erst 2½ Jahre alt war, sich für das Schiff auf dem Bassin besonders interessierte und wie viele Flaschen des teuren, guten Weines getrunken wurden. Aber eine unangenehme Nachricht musste die Herzogin schon wenige Tage später nach Brüssel melden: Der kleinen Prinzessin Marie (1823–1861), die 4½ Jahre alt war, ging es nicht gut. Sie hatte Fieber; der zu Rate gezogene Arzt war der Meinung, das Fieber gehe schnell vorüber. Am 16. August war die kleine Marie wieder wohlauf, das Fieber war tatsächlich verflogen. – Herzogin Ludmilla lobte in hohen Tönen die Arbeit, die der aus Brüssel angereiste Tapeziermeister Meilhac in Clemenswerth geleistet hatte. Dennoch war sie der Meinung, es bleibe noch viel zu tun. Die Herzogin wartete vor allem auf die Ankunft des Vertrauten Stock, dessen Ankunft sich aber verzögerte, weil seine Frau erkrankt war. Der Herzog selbst war inzwischen nach Hannover und Berlin gereist.
Anfang September 1827 weilte die Herzogin mit ihren Kindern noch in Clemenswerth. Giese musste aus Hamburg auf Wunsch der Herzogin eilig eine Melone, 33 Pfirsiche und 15 Aprikosen beschaffen. Im Emsland wird man solche Köstlichkeiten mit Erstaunen bewundert haben. Zu dem Besuch in Papenburg, den Giese gewünscht hatte, kam es offenbar nicht.[10] Mitte September war die herzogliche Familie wieder aus Clemenswerth in Richtung Brüssel abgereist.

Landmarken gemeinsamen Glaubens: Viele Kirchen in den Dörfern des nördlichen und mittleren Emsland stammen aus dem 19. Jahrhundert

Von Herrensitzen und Türmen überm Land – Die Baukunst im Emsland unter den ersten Arenbergern

von Eckard Wagner

Eine alte Spruchweisheit sagt, dass der Mensch nicht von Brot allein lebt, von den Erträgen der urbar gemachten, trockengelegten Böden, fruchtbaren Äcker und Wiesen. Deshalb muss auch die Frage gestellt sein dürfen, ob es neben der Landeskultur nicht noch weitere, ganz andere Zeichen im nördlichen Emsland zwischen Hase und Ems, dem vormaligen und längst vergangenen Herzogtum Arenberg-Meppen, gibt, an denen die „Arenberg-Zeit", die recht zögerlich und ohne Verschulden der Arenberger selbst begann, ablesbar ist. Andere, ebenfalls unverwechselbare Zeichen in der Landschaft, die, ohne recht erkannt zu sein und genannt zu werden, schließlich auch identitätsstiftend wirkten.

Der neue Landesherr des im Jahre 1803 am Konferenztisch ausgehandelten und in seiner Größe zugeschnittenen „souveränen" Herzogtums Arenberg-Meppen, personifiziert in dem jungen, damals kaum 18 Jahre zählenden Prinzen Prosper Ludwig von Arenberg, hatte es in den Zeiten des radikalsten Umbruchs, der Fürstenhäuser und Adelsfamilien in der Mitte Europas erschütterte und zu vollständigem Umdenken zwang, äußerst schwer, den angestammten Rechten seines Hauses politisches Gehör zu verleihen. Sah es doch ganz so aus, als sollte das ehrwürdige Herzogshaus Arenberg zu den großen Verlierern in der staatlichen Neuordnung Europas zählen, im Machtspiel oder Machtkampf der Großen unter die Räder geraten und in die geschichtliche Bedeutungslosigkeit gestoßen werden: Nichts anderes war mit der Mediatisierung des Hauses Arenberg gemeint. Daher bedurfte es schon vielfacher diplomatischer Rückenstärkung durch den hoch intelligenten und gebildeten Vater, den „blinden Herzog" Ludwig Engelbert (1750–1820), der dem Sohn am 16. November 1803 in gutem Glauben den Vortritt im neuen Herzogtum Arenberg-Meppen gelassen hatte, aber nun nicht müde wurde, im napoleonischen Paris und im kaiserlichen Wien vorstellig zu werden, um die Interessen seines gedemütigten Hauses zu vertreten. Notfalls mit einer kleinen Schar aufrechter Getreuer und kluger Berater: Unter ihnen muss der kongeniale Kopf des Juraprofessors und Regierungsrates Dr. Heinrich Gottfried Wilhelm Daniels (1754–1827) genannt werden[1], der die Entschädigungsansprüche des Hauses Arenberg am Reichstag zu Regensburg im Herbst 1802 während der Aushandlung des Reichsdeputationshauptschlusses formulierte – trotz der neugeschaffenen und auf den ersten Blick zufrieden stellenden Besitzungen rechts des Rheins – dem Vest Recklinghausen, der Grafschaft Dülmen und dem ehemals fürstbischöflich-münsterschen Amt Meppen.

Über diesen Gottfried Daniels, den arenbergischen „Propheten von Köln", muss an dieser Stelle einfach mehr gesagt werden, wenngleich er das nördlichste arenbergische Herzogtum Meppen wohl nie betreten hat. Als „freiblickender Geschäftsmann und Staatsmann von internationaler Bildung und Autorität" – damals schon ganz Europäer und gegen jede Form von Nationalstaatlichkeit eingestellt[2] – sah er sehr deutlich die künftig schwierige Rolle des Hauses Arenberg zwischen Preußen einerseits und der Grande Nation andererseits, wenn er am 25. Dezember 1802 vielsagend an Prosper Ludwig schrieb[3]: „Wenn Arenberg von allen verlassen ist, dann wird es zum Opfer!" So heikel und auf des Messers Schneide stand damals die weitere Existenz des Hauses Arenberg und seiner angestammten Besitzungen.

Der junge Herzog schenkte dem Professor Daniels als „Conseil en chef intime" fortan sein ganzes Vertrauen, zumal in den Jahren nach 1806, als er als Mitglied des Rheinbunds und Parteigänger Napoleons an der Spitze seines Regiments „Chevau-Légers Belges", in dessen Reihen auch zu den Waffen gerufene Emsländer dienten, in Napoleons großem Krieg zwischen Kolberg in Pommern und Kolding in Dänemark auf Posten stand und schließlich 1808 gegen Spanien zog – eine kriegerische Expedition, die für Prosper Ludwig in jahrelanger englischer Gefangenschaft endete. Auch beim Wiener Kongress seit Herbst 1814 die arenbergischen Interessen mit dem Baron Schmauss von Livonegg vertretend, zeigte sich Daniels dem Hause – selbst als preußischer Staatsrat – solidarisch und beriet bis zu seinem Tode den Herzog Prosper Ludwig in allen schwierigen politischen, verwaltungsjuristischen und ökonomischen Fragen.

Auch wenn es letztendlich doch zum Souveränitätsverlust und zur Entpflichtung des herzoglichen Hauses Arenberg aus der großen Reichs- und Landespolitik und aus den Strömen der europäischen Geschichte gekommen ist, so bedurfte es dennoch während der ersten zwei Jahrzehnte nach 1800 immenser Anstrengungen und eines stets wachen Beharrungsvermögens bei allen handelnden und leidenden Personen auf arenbergischer Seite.

Kirche und Kirchturm: Mittelpunkte im landschaftlichen und dörflichen Straßennetz. Die Kirche von Börger im Hümmling ist weithin sichtbar

Heute wäre es wohl gerechtfertigt, von einer Situation des Chaos zu sprechen, in der der junge und politisch nicht eben erfahrene Prosper Ludwig vom neu geschaffenen Herzogtum Arenberg-Meppen Besitz nahm, wenngleich er mit dem weitgehenden Fortbestand der alten Verwaltungsstrukturen aus dem säkularisierten Fürstbistum Münster Kontinuität walten ließ. Als Neuerung wurde allerdings erwogen, dass sämtliche Verwaltungsentscheidungen in den rechtsrheinischen Besitzungen des Hauses Arenberg im Vest Recklinghausen zusammenlaufen sollten, so auch die aus dem Amte Meppen. An die Spitze der Meppener Verwaltung rückte nach dem Tod Ferdinand von Galens, des Drosten in Meppen, der damals 48jährige Franz Theodor von Olfers (1755–1828), der, einer bekannten Bankiersfamilie aus altem münsterschen Hofadel entstammend, bereits in wichtiger politischer Mission für arenbergische

Lengerich im südlichen Emsland – das Dorf mit der markanten Doppelkirchen-Silhouette. Mit der reformierten Kirche aus dem Mittelalter und dem hohen „Hensen-Dom" aus dem 19. Jahrhundert hat der hl. Benedikt hier gleich „zwei Steine im Brett"

Interessen gearbeitet hatte.[4] Doch manches in der Meppener Situation blieb eben vage, da man noch 1806 nicht gewiss sein konnte, das Herzogtum an der Ems behalten zu können, und einen erneuten Länderumtausch erwartete.

Vor diesem politisch ungewissen Hintergrund besuchte der junge Herzog Prosper Ludwig Mitte Juni 1804, von Wien kommend, wohl nicht das erste Mal das Jagdschloss Clemenswerth in Sögel, um Baulichkeiten und Park eingehend zu besichtigen und sich mit diesem auf ihn überkommenen Besitz vertraut zu machen.[5] Prosper Ludwig wohnte mit kleinem Gefolge im Schloss. Offensichtlich wurden diese Tage und Wochen – der Aufenthalt war am 21. Juli noch nicht vorüber – auch dazu genutzt, Kontakte zu seinen „Untertanen" auf dem Hümmling, zu den Honoratioren und Persönlichkeiten in Sögel und den umliegenden Kirchspielen und Gemeinden zu knüpfen. Und so konnte dann sein persönlicher Sekretär Thomas Stock an Dr. Daniels in Köln am 24. Juni 1804 berichten[6]:
„Am verwichenen Freitag war der Namenstag der Frau Herzogin Durchlaucht Pauline (der Mutter Prosper Ludwigs). Auf Veranlassung des regierenden Herzogs versammelten sich hier heute mehrere Gemeinden; einige Fässer Branntwein wurden unter sie verteilt, und eben ist man im Begriffe, dieses Fest durch Singen, Tanzen und Musik zu verherrlichen".

In einer solchermaßen entspannten Atmosphäre lässt sich wohl träumen und Zukunft gestalten, lassen sich Luftschlösser bauen und Bilder korrigieren: Und das Bild, das die ehemalige „Retour de Chasse" des Kölner Kurfürsten Clemens August dem jungen Arenberger bot, war nicht eben zufriedenstellend und eigentlich mehr als korrekturbedürftig! Wenn er hier, irgendwann vermählt und mit Kindern gesegnet Hof halten wollte, war nicht nur an Instandsetzung, sondern auch an Erweiterung, an den Umbau des Schlosses, vielleicht der ganzen Anlage zu denken! So oder so ähnlich mag Prosper Ludwig gedacht haben beim Spaziergang durch die nicht eben gerade gepflegten Alleen des Jagdsterns, denn der Park hatte inzwischen lange der ordnenden Hand entbehrt. Doch Gedanken an die Kunst und das Schöne, auch an die Architektur zu verschwenden, dafür ist Clemenswerth ein unvergleichlich gewinnvoller und sinnlicher Ort, damals wie heute! Unter dem Eindruck dieses mehr als vierwöchigen Aufenthalts auf Clemenswerth kam Prosper Ludwig zu dem Schluss, dass es – um den schöneren Seiten des Lebens Konturen zu verleihen – unumgänglich sei, einen eigenen Architekten, einen herzoglich-arenbergischen Baudirektor, einzustellen. Und dieser stand schon auf Abruf bereit!

August Reinking als erster arenbergischer Baudirektor

Vielleicht hat der Clemenswerth-Aufenthalt im Sommer 1804 und jene abschließende Entscheidung über die Einstellung eines Architekten dazu beigetragen, dass der durch Beschluss Napoleons 1803 vorzeitig mit der Großjährigkeit politisch handlungsfähig gemachte, ansonsten aber ziemlich unbedarfte und ungebildete Prosper Ludwig den Entschluss fasste, seine bis dahin aufgeschobene „Bildungsreise" nachzuholen und nach Italien zu fahren. Die Reise ging von Düsseldorf über Augsburg, Brixen, über Verona, Mantua und Padua nach Venedig, dann durch Ferrara, Bologna und Rimini nach Rom, wo er am 5. Januar 1805 anlangte.[7] Dort verweilte er viereinhalb Monate, nur unterbrochen von einer Reise nach Neapel, wo er den Vesuv besichtigte und dann natürlich Pompeji, Herkulaneum und den Tempel von Paestum besuchte. In Rom versandte er seine Visitenkarten, um bald darauf mit zahllosen bedeutenden Persönlichkeiten des öffentlichen Lebens, der Kirche und der Kurie sowie der Kunst zusammenzutreffen. Zu den Künstlern, die Prosper Ludwig in ihren Ateliers besuchte und die er in seinen Reiseaufzeichnungen[8] ausführlich erwähnte, zählten der Bildhauer Antonio Canova (1757–1822), der dänische Klassizist Bertel Thorvaldsen (1778–1844) und die in der Schweiz geborene, aber seit langem in Rom lebende Bildnismalerin Angelika Kauffmann (1741–1807). Die Italienreise des Arenbergers endete am 24. Oktober 1805, dauerte also fast 13 Monate und verschlang die respektable Summe von 66.200 Reichstalern. Der Vater Ludwig Engelbert fand das Geld gut angelegt, hatte er doch beim ersten Zusammentreffen nach seiner Ankunft von seinem Sohn Prosper Ludwig einen viel günstigeren Eindruck[9]: „Ich bin in der Tat recht zufrieden ... Ich finde ihn gefestigter und auch ein wenig erwachsener"! – Der jüngste Arenberg-Biograph Peter Neu kommt zu dem Fazit[10]: „Der junge Herzog hat wahrscheinlich in Italien erst ein Gefühl für Kunstschaffen und Kunstwerke entwickelt".

Der Architekt, der am 20. Juli 1804 seine Bestallungsurkunde in Clemenswerth als herzoglich-arenbergischer Baudirektor erhielt[11], war kein anderer als der damals 28-jährige August Reinking, der damit aus „Hochgräflich-Bentheim-Steinfurtischen Diensten" in arenbergisch-meppensche wechselte. August Reinking, 1776 als Sohn des münsterschen Amtsrentmeisters Albert Joseph Reinking in Rheine geboren, fand in einer gebildeten und viele wichtige Ämter im alten Fürstbistum Münster bekleidenden Familie und Verwandtschaft seine Grundlagen für ein an großen Vorbildern ausgerichtetes, dabei sehr praxisorientiertes Studium zum Architekten, wobei er in alter münsterscher Tradition den Beruf des Ingenieurs und Baumeisters mit der Karriere eines Militärs verknüpfen konnte. Vorbilder waren ihm auch da bedeutende Verwandte, so etwa die Baumeister Peter und Gottfried Laurenz Pictorius und seine Lehrmeister und Großonkel Wilhelm Ferdinand und Clemens Lipper sowie der große Barockbaumeister Johann Conrad Schlaun – alle fürstbischöflich-münstersche Baudirektoren und hochrangige Militärs. August Reinking sollte zum letzten Vertreter der bedeutenden westfälischen Architekten-Dynastie der Pictorius-Lipper-Reinking heranreifen, die das Münsterland und Westfalen über den Zerfall des Alten Reichs hinaus mit ihrer Architektur prägte.[12]

Verwandtschaftlich mit dem Emsland, dem ehemaligen Sitz des Rentmeisters Johann Bernhard Lipper (1700–1788) auf Haus Düneburg bei Haren, verbunden, hatte er wohl schon vor 1800 erste berufliche Verpflichtungen im Amt Meppen eingehen können und „seine ersten Meriten als Baumeister im Emsland" erworben, – beim Bau von Bürgerhäusern in Haselünne, Lathen wie auch in Meppen, wo er dann 1802 für den Großkaufmann Ferdinand Frye eine umfangreiche Gartenanlage – „Fryenlust" im Esterfeld auf dem linken Emsufer – plante mit bereits deutlichen Merkmalen des modernen englischen Landschaftsparks.[13]

Damals war Reinking gleichzeitig intensiv mit den Planungen des großen Bagno-Parks vor dem Schloss von Burgsteinfurt beschäftigt.[14] Doch da er bald merkte, dass er sich gegen die eigenwilligen Ideen des Grafen Ludwig von Bentheim-Steinfurt nicht würde durchsetzen können, gewannen an ihn herangetragene Projekte wie der Bau des Schlosses Oberhausen oder der Wiederaufbau des Stifts Flaesheim im Vest Recklinghausen, wo ihm als Auftraggeber erstmals der junge Herzog Prosper

Von August Reinking 1805 als „Residenz" eines Großkaufmanns errichtet war die herzoglich-arenbergische Rentei in Meppen nicht erst seit 1835 eines der wichtigen Verwaltungszentren im Herzogtum – Aquarell von Friedrich Zeller, um 1870

Ludwig von Arenberg begegnete, immer mehr an Bedeutung.[15] Seit Sommer 1804 endgültig für den Arenberger tätig, der ihn neben seiner Bestallung als Baudirektor zugleich auch als „Hauptmann des arenbergischen Jägercorps zu Fuß", das in Meppen in Garnison lag[16], ein weiteres Mal finanziell abzusichern wusste, stand August Reinking nun vollends weiteren Bauaufgaben im neuen Herzogtum an der Ems aufgeschlossen gegenüber. Was nicht bedeutete, dass ausschließlich die Planungen für einen Umbau des Jagdschlosses Clemenswerth vor Sögel in ihm Gestalt annehmen sollten, sondern durchaus auch Raum blieb für die Erfüllung von Wünschen bereits gut bekannter Auftraggeber. Ein solcher war eben der Meppener Kaufmann und Bürgermeister Ferdinand Frye, der sich 1805/06 des nun ganz in der Nähe wirkenden landesherrlichen Baudirektors bediente, um sich von seiner Hand eine stattliche Patrizier-Residenz in Meppen errichten zu lassen – in unmittelbarer Nachbarschaft zur alten fürstbischöflichen Paulsburg: Dort entstand also von Reinking das Haus Frye, das, bereits 1818 als Dienstsitz des Meppener Landrats angemietet, 1835 in herzoglichen Besitz überging und eigentlich seit Menschengedenken als herzoglich-arenbergische Rentei bekannt ist.[17]

Wie bei anderen Bürgerhäusern emsländischer Auftraggeber hat Reinking auch hier nicht den „modernen" Baumeister, den europäischen Neuerungen folgenden Klassizisten herausgekehrt, sondern, traditionelle Bauformen, Proportionen und Materialien wählend, das barocke Erbe seines Landes, die von der Handschrift Schlauns geprägten Architekturformen und die westfälischen Wurzeln seiner Kunst erneut sprechen lassen. Die im Durchblick zum Marktplatz städtebaulich imposante Situation des Hauses wusste Reinking durch eine Straffung und Überhöhung des Gebäudekubus zu betonen, dessen Fassade sich mit Lisenengliederung, Blendfeldern und Rustizierung sowie herausgehobenem Giebelstock im Mansarddach über angedeutetem Mittelrisalit nobel zurückhaltend präsentierte und zugleich im zweiläufigen Treppenantritt, dem Doppelportalmotiv und der auffallend großflächigen Durchfensterung mit ornamental gestalteten Oberlichtern die Würde eines „bürgerlichen Palazzo" dokumentierte. In den neuen politischen Verhältnissen sah sich der Bürger, Volksvertreter, Kaufmann und Bauherr im gesellschaftlichen Aufwind! – Was Wunder, dass herzoglicharenbergische Beamte bald den Wunsch verspürten, hier residieren zu wollen. Der aquarellierende Chronist arenbergischer Besitztümer Friedrich Zeller (1817–1896) hat überliefert[18], dass irgendwann im 19. Jahrhundert das Gebäude der „Arenbergischen Rentkammer zu Meppen" nicht wie heute im hellen Pompejanisch-Rot der Klassik geschlemmt war, sondern wohl leuchtend weiß mit sandsteinfarbenen Fenster- und Türgewänden: „Weiße Häuser" als Regierungssitze haben – wie man sieht – lange Tradition und weite Verbreitung erfahren – einstmals bis ins emsländische Herzogtum Arenberg-Meppen.

Reinkings Umbaupläne für Schloss Clemenswerth

Trotz eines so schönen architektonischen Ergebnisses wie beim Haus Frye in Meppen konzentrierte sich August Reinkings Planungseifer auf die Umgestaltung und Erweiterung der künftigen arenbergischen Sommerresidenz Clemenswerth auf dem Hümmling. Ob Auftraggeber und Architekt bei diesem Projekt allerdings die gleichen Ziele verfolgt und dieselbe Sprache gesprochen haben, dürfte bezweifelt werden. Eine kontinuierliche Verständigung hinsichtlich Korrekturen im Ideengebäude des Architekten war auch fast unmöglich, da der Bauherr Prosper

Ansicht von Schloß Clemenswerth aus der Aquarellserie arenbergischer Besitzungen von Friedrich Zeller. Das um 1875 entstandene Aquarell will die Heiterkeit und Sorglosigkeit des Rokoko vermitteln

Ludwig zu dieser Zeit weit weg war und sein Herz und Hirn an Italien verloren hatte. Den Anfang aller Arbeit bildete für Reinking eine Bestandsaufnahme der Gesamtanlage, ihrer Gebäude, Alleen und Parkquartiere, so wie sich alle Teile seit dem Tod des Kölner Kurfürsten Clemens August im Jahre 1761 erhalten oder auch verändert hatten.[19] Einsicht in die schlaunschen Pläne waren ihm vor Ort möglich.[20] Für die Vermessung und Erstellung des Plans, der noch 1804 fertig war, logierte Reinking fortan auf dem Schloss, fühlte sich bald auch für die „Oeconomie zu Clemenswerth" verantwortlich, die er zu verbessern gedachte, ließ deshalb Kühe anschaffen für die Beweidung der Alleen und ersuchte um Zustimmung, neugepflanzte Eichen gegen eine Tannenschonung austauschen zu dürfen – was erstes Kopfschütteln bei der Haselünner Domänenverwaltung verursachte.[21] Daniels in Köln erhielt davon Wind und wünschte sich in einem Schreiben an Anton Heyl[22], „daß man mit dem dasigen Park nicht so fürchterlich gehaußet hätte".

Nicht in Reinzeichnung vorliegende, eher skizzenhafte Pläne[23] aus denselben Jahren zeigen, zu welchen rigorosen Eingriffen August Reinking gedanklich in Clemenswerth bereit war, die, wären sie denn verwirklicht worden, fast einer Niederlegung der gesamten schlaunschen Bauausführung gleich gekommen wären, sahen sie doch vor: Abriss der randständigen Pavillons einschließlich Kapelle und Kloster, Reduzierung des achtstrahligen Jagdsterns auf sechs Alleen, „Austausch der barocken, die Natur unterwerfenden Kunstform (Schlauns) durch eine bewusste Regellosigkeit", die das „neue Naturverständnis der nachbarocken Epoche" par excellence dokumentierte.[24] Neben dem Bau neuer lang gestreckter Gebäude aber konzentrierte August Reinking alle seine Ideen auf eine Verwandlung des schlaunschen Zentralpavillons in das Urbild aller Zentralbauten in der europäischen Architektur: Andrea Palladios berühmte Villa Rotonda bei Vicenza vom Typus anverwandt, aber zu einem riesigen Raumensemble umgestaltet, wäre bei dem neuen Gebäude – mit gleichzeitigem „Verlust der Mitte" für die neue Anlage – vom Altbau Johann Conrad Schlauns kein Stein auf dem anderen geblieben und Clemenswerth im Eifer neuer Ideen und Konzepte für immer untergegangen.[25] In diesen wohl ganz intimen Gedanken einer Umgestaltung des Schlosses offenbart sich der Revolutionär im Architekten August Reinking. Und in seiner Persönlichkeit ist

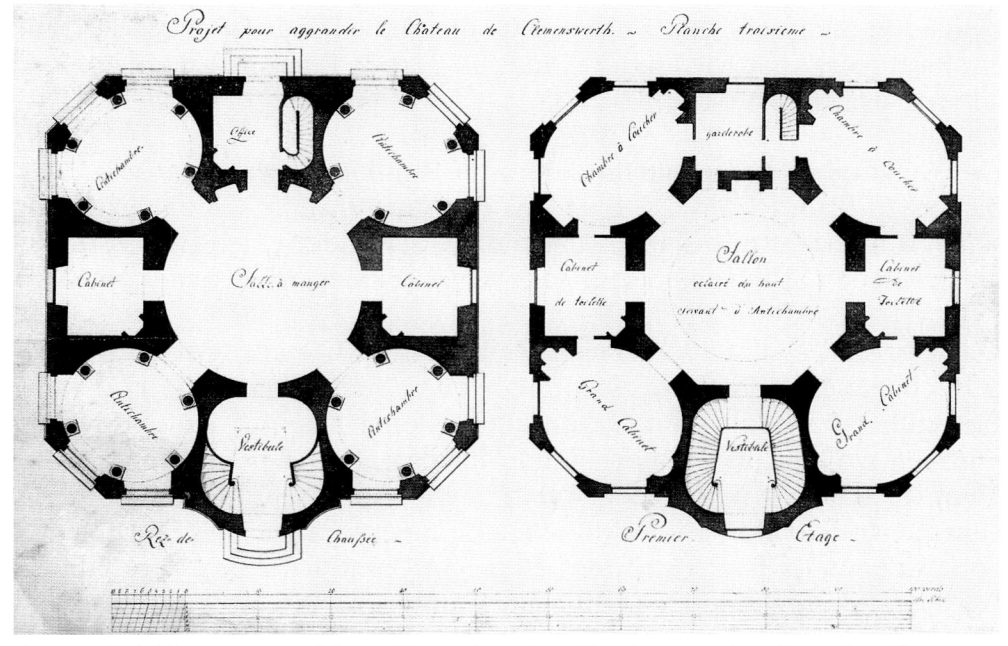

August Reinkings unausgeführte Pläne für eine Erweiterung des Zentralpavillons von Clemenswerth: Das große Raumensemble mit klassizistischen Stilelementen sollte dennoch die barocken Architekturschöpfungen J.C. Schlauns berücksichtigen

89

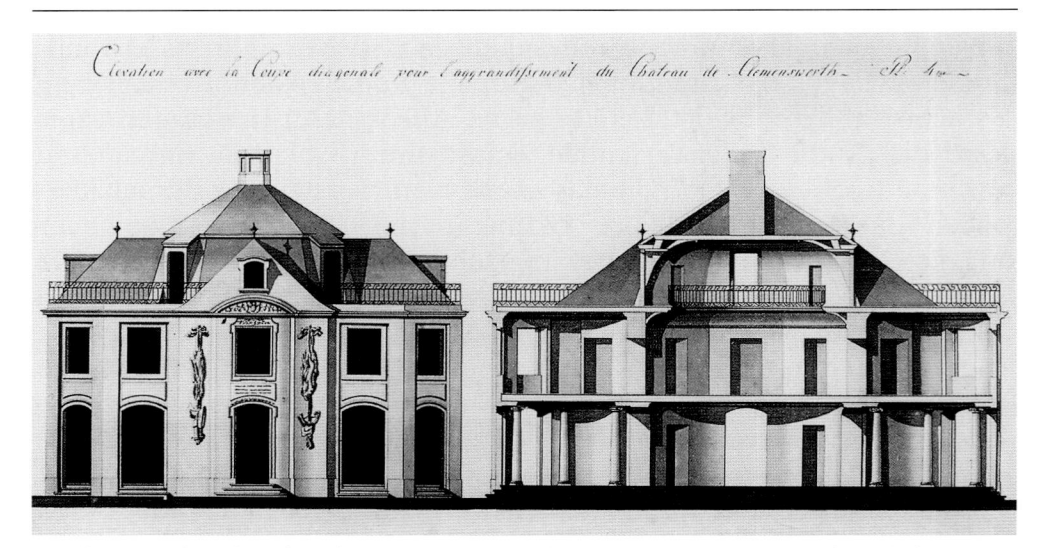

Reinkings Umbaupläne für Clemenswerth setzten durch einen zweiten, ins Dachgeschoß erweiterten Rundsaal neue Akzente in der ersten Etage. Über eine Empore sollte man auf vier hohe Balkone hinaustreten können und Aussicht und Atmosphäre des Schloßplatzes genießen

eine Seite aufgeschlagen zwischen Genie und Chaos, die er nie so rigoros bloß gelegt hat wie ausgerechnet bei seinen Planspielen um Schloss Clemenswerth.

Der radikale Neuerer scheint damals in Reinking erwacht zu sein! Der bisherige Traditionalist, wie er bei der Ausführung seiner emsländischen Bürgerhäuser bislang erschienen war, wandelte sich zum Verfechter des neuen Stils, sobald sein Auftraggeber dem Adel entstammte!

Doch es sind auch andere Pläne Reinkings zu Clemenswerth erhalten geblieben, schon in Reinzeichnung, weil er persönlich dieselben wohl für realisierbar hielt – im Gegensatz zu denen, die aus Ruinen Neues schaffen wollten. Bei seinen Plänen für das „Projet pour l'agrandissement du Chateau de Clemenswerth" – mit Aufrissen und Grundrissen zum Zentralpavillon[26] – verfolgte Reinking erneut die Erweiterung des vorhandenen Raumangebots, allerdings unter einer sorgfältigen Berücksichtigung aller wesentlichen Raum- und Architekturschöpfungen Schlauns im Inneren: Vestibül und Treppenhaus, der Rundsaal mit seinen Kabinetten im Süden und Norden, die sogenannte „Office" im Osten – Schlauns architektonische Herzstücke von Clemenswerth –

sollten unangetastet bleiben. Die Erweiterung betraf die Schließung des kreuzförmigen Grundrisses zu einem großen Quadrat mit abgeschrägten Ecken, indem vier Ovalräume mit Säulenstellungen – ein ganz bedeutendes klassizistisches Architekturmotiv in der Kunst August Reinkings – zwischen den Kreuzarmen eingestellt wurden: Damit gewann man vier Salons hinzu. Die Eingriffe in die barocke Bausubstanz im Obergeschoss nach demselben Muster wäre zwar erheblich gewesen, doch die Erweiterung der typischen Dachsilhouette des schlaunschen Zentralpavillons durch vier große Balkone hätte sicherlich eine interessante und für ein Jagdschloss angemessene Lösung versprochen. Selbst die sandsteinernen Jagdtrophäen von Johann Christoph Manskirch – nun an neuen Stellen des klassizistischen „Pantheon-Baus" des August Reinking außen am Mauerwerk verankert – sollten erhalten bleiben.

Ob es zu einem „Vortrag" oder zu einer Diskussion dieser hochinteressanten, das Überlieferte im Innern weitgehend erhaltenden Pläne zwischen Auftraggeber und Architekt gekommen ist, entzieht sich bislang unserer Kenntnis. Offensichtlich war Prosper Ludwigs Beitritt zum Rheinbund und seine daraus resultierende Gefolgschaft im vierten, nun gegen Preußen gerichteten Koalitionskrieg an Napoleons Seite der Grund, dass ab jetzt und für lange Zeit die Sprache der Militärs die der Künste verdrängte: Ohne Chance auf eine zeitlich absehbare Realisation verschwanden Reinkings Zeichnungen zur Umgestaltung von Schloss Clemenswerth in den Schubladen der Archive.

Vielmehr ward dem Rittmeister Reinking der arenbergischen Kavallerie im Januar 1807 befohlen, sich mit 138 „leichten Reitern" von Meppen nach Recklinghausen zu verfügen, um von dort als Kompanie in Prosper Ludwig von Arenbergs Regiment der „Chevau-Légers Belges" in Napoleons europäischen Krieg einzurücken.[27] Reinkings militärisches Engagement endete für ihn in einem Desaster. Von seiner Intelligenz und Begabung ganz der Architektur und den Künsten zugewandt, aber von seiner körperlichen Konstitution für den Militärdienst im Ernstfall gänzlich ungeeignet – wenngleich er aus letzterem seinen arenbergischen Sold erhielt –, blieb Reinking nach zweijährigem Feldzug zwischen Stralsund im Osten, Kolding im Norden und der für ihn heillosen Perspektive, in den Feldzug nach Spanien eingezogen zu werden, wegen seines desolaten Gesundheitszustandes als Ausweg aus einer menschlichen Katastrophe nur die Desertion von der Truppe.[28] Dem fast gleichaltrigen Herzog Prosper Ludwig blieb nichts anderes übrig, als seinen ersten Baudirektor zu entlassen. Er verzichtete zwar auf eine juristische Verfolgung, doch kam es erst sechzehn Jahre nach August Reinkings Tod 1819 zur Rehabilitation dieser schwierigen Künstlerpersönlichkeit[29]: das war im Jahre 1835.

Trotz des unehrenhaften Abgangs aus herzoglich-arenbergischen Militärdiensten hat Reinking mit Billigung des Herzogs in seinem Land an der Ems als Architekt weiterhin tätig sein dürfen. Offenbar „war jener bereit, ein Auge zuzudrücken, wenn hohe Regierungsbeamte in ihrem eigenen Namen und auf eigene Verantwortung Reinking als Baumeister zu beschäftigen dachten".[30] Dies war dann bereits 1809 der Fall, als der zum französischen Unterpräfekten ernannte, zuvor herzogliche Beamte Anton Heyl den Erweiterungsbau am Meppener Amtshaus in der Emsstraße mit Reinking vereinbarte.[31] Mit dem „Heylschen Saalbau", in den der Architekt einen in seinen Proportionen wohl gelungenen, klassizistisch ausstuckierten ovalen Festsaal integrierte, hat August Reinking die Stadt Meppen mit einem Glanzstück großbürgerlicher Architektur des 19. Jahrhunderts beschenkt.

A.J. Niehaus – ein echtes Landeskind –
als neuer arenbergischer Baudirektor

Mehr als 25 Jahre gab es für Prosper Ludwig von Arenberg keine Veranlassung, für das Bauwesen im Herzogtum Arenberg-Meppen erneut einen Baudirektor zu berufen. Da gab es zunächst ganz persönliche Gründe: seine lange Abwesenheit als Landesherr in seinen deutschen rechtsrheinischen Gebieten, bedingt durch seine Gefangenschaft in England, die erst 1814 endete. Dann die langwierige und unliebsame Angelegenheit um die Annulierung seiner ersten Ehe mit Stephanie Tascher de la Pagerie, einer angeheirateten Nichte Napoleons – eine eheliche Verbindung mit der kaiserlichen Familie, die weder persönliche noch politische Vorteile für die Arenberger einbrachte und 1818 mit päpstlicher Billigung gelöst wurde.[32] Ein Jahr später verband er sich mit Ludmilla Gräfin von Lobkowicz (1798–1868) und gründete eine Familie.

Was die politische Stabilität des Hauses Arenberg betrifft, begannen nach dem Wiener Kongress die zähen Verhandlungen mit Preußen und Hannover, denn aus dem souveränen Landesherrn Prosper Ludwig war über Nacht ein Standesherr oder adliger Privatmann geworden, der um die politische Auskleidung seiner Restsouveränität und um finanzielle Entschädigungen mehr als 10 Jahre kämpfen musste.

So ist es verständlich, dass sich das Interesse des Herzogs, dann aber auch das der herzoglichen Familie, erst nach 1826, als sämtliche Verhandlungen zu einem für das herzogliche Haus erträglichen Ende geführt waren, an seinem emsländischen Herzogtum und seinen dortigen Besitzungen einschließlich Clemenwerths neu belebte. Immer wieder auf die ärmlichen Verhältnisse in seinen herzoglichen Ämtern Aschendorf, Haselünne, Hümmling zu Sögel und Meppen hingewiesen, wurde Prosper Ludwig recht bald deutlich vor Augen geführt, dass man von ihm in vielen Bereichen landesherrliche Führerschaft, unternehmerischen Optimismus und finanziellen Beistand erwartete, besonders im Bauwesen des Landes, wo im Kirchenbau und im Schul- und Krankenhauswesen unübersehbarer Nachholbedarf herrschte. Und so währte es nur wenige Monate, bis er einem jungen Baumeister von hohen Talenten begegnete – und einem echten Landeskind obendrein –, dem er bald sein Vertrauen schenkte und von dem er bis zu seinem Tode 1861, mehr als 30 Jahre also, nicht enttäuscht wurde.

Das erste Zusammentreffen von Prosper Ludwig und seinem zukünftigen zweiten herzoglich-arenbergischen Baudirektor muss ins Jahr 1827 datiert werden. Der herzogliche Regierungsrat Anton Heyl in Meppen war von der Kirchengemeinde der Moorkolonie Neuarenberg um beratenden Beistand und finanzielle Hilfe gebeten worden.[33] Wenn man schon den herzoglichen Namen in der emsländischen Geographie zu verewigen half, sollte für das Dorf auch etwas herausspringen! Der Auftrag erging an den damals 25 Jahre jungen Geometer und Baumeister Alexander Josef Niehaus aus Haselünne, der „den ehrenvollen Auftrag mit Freuden angenommen hat und später gegen allerlei Widerstände durchsetzte, dass nach seinen Plänen gebaut wurde."[34]

Alexander Josef Niehaus entstammte einer angesehenen und gebildeten Haselünner Familie, deren männliche Vertreter als Kaufleute und

Apotheker ihren Unterhalt verdienten. Der Großvater war im Jahrhundert davor, 1745 und später, Bürgermeister der Stadt gewesen. A.J. Niehaus wurde 1802 geboren. Jugend und Schulzeit fielen in schwierige, weil politisch unübersichtliche Jahre. Man nimmt an, dass er das Gymnasium Carolinum in Osnabrück besuchte. Die Schülerverzeichnisse seiner Jahrgänge sind verloren, sein jüngerer Bruder aber machte 1830 am Carolinum sein Abitur, was Rückschlüsse auf Alexander Josefs Bildungsweg zulässt.[35] Über sein Studium weiß man mehr. Er schrieb sich im Herbst 1821 an der Georg-August-Universität in Göttingen ein für das Fach Mathematik. Dort geriet er sogleich in den Bannkreis der führenden Klassizisten in Deutschland. Niehaus lauschte fasziniert den Vorlesungen des Göttinger Ordinarius für klassische Philologie und Archäologie Karl Ottfried Müller. Der klassizistische Universitätsbaumeister Justus Heinrich Müller las in der mathematisch-naturwissenschaftlichen Fakultät. Unter dem starken Einfluss dieser beiden Professoren gleichen Namens, die zusammen mit den berühmten Baumeistern Georg Ludwig Laves in Hannover und Leo von Klenze in München aus der Schule des Kasseler Baumeisters Christoph Heinrich Jussow stammten, standen die Studienjahre des A. J. Niehaus in Göttingen, dem die bedeutenden Geistesströmungen des Klassizismus in Kultur, Kunst und Architektur damit aus erster Hand vermittelt wurden. Nach einer Romreise beendete er 1827 sein Studium und kehrte zurück ins Emsland, ließ aber wohl die Kontakte zu gleichgesinnten Kollegen in den deutschen Zentren des Klassizismus in Berlin, Hannover, Göttingen, Kassel und München nicht abreißen.[36]

Der einzige Niehaus-Lexikograph hat über dessen Italien-Bezüge hinaus eine weitere Ausbildung in

Immer wieder als Frühwerk von Niehaus genannt: die kleine Kirche von Borsum bei Rhede

Frankreich erwähnt. In Paris soll Niehaus Schüler des klassizistischen Architekten und Architekturschriftstellers Laurent Vaudoyer (1756–1846) gewesen sein[37], der seinen Ruf als Baumeister der Sorbonne und des Institut de France sowie als Architekturtheoretiker während der napoleonischen Zeit begründet hatte.

Die Kirche in Neuarenberg – Entwicklung des klassizistischen Saalbaus

Im gleichen Jahr erging an Niehaus – nun zurück in der Heimat – der Planungsauftrag für seinen ersten Bau: die Kirche S. Prosper et St. Ludmilla in Neuarenberg, so wurde sie später genannt, weil der Arenberg-Anteil doch sehr groß wurde. Immer wieder wird zwar der Bau der St. Anna-Kapelle in Borsum bei Rhede als erster Bau von A.J. Niehaus genannt, die aber bereits 1819 benediziert wurde.[38] Das Datum muss stutzig machen, denn ob man damals einem Gymnasiasten den Bau eines Kirchleins anvertraut hätte, ist doch sehr fraglich. Eines aber wird daran ganz deutlich: die Gliederung der Wandflächen durch breite Lisenen und rahmende Wandvorlagen gehörte seit dem Eintritt der Kunst Johann Conrad Schlauns in die Backsteinarchitektur des Emslands fortan zur Formensprache dieser Region. Möglicherweise ist der architektonische Formenkanon, wie er in den Wandabwicklungen des Jagdschlosses Clemenswerth zutage tritt, weit weniger für den Kirchenbau im Lande wirksam gewesen als der an der ebenfalls von Schlaun stammenden Antonius-Kapelle in Wahn sichtbare, in dem anonyme Maurermeister aus den Dörfern des Hümmlings fortan ihr Vorbild sahen.[39] Deutlich ist, dass sich auch die Kunst eines A.J. Niehaus zunächst der Schlaunschen Wandabwicklung bedient hat.

Zwischen der spätbarocken Wandabwicklung Schlauns und der des Klassizisten Niehaus gibt es allerdings feine Unterschiede. Die Lisene, die vertikale Wandvorlage vor dem Mauerfeld, ist bei Niehaus doppelt so stark im Relief entwickelt. Schlaun bevorzugte ein Viertel einer Ziegellangseite, Niehaus hingegen verdoppelte die Lisenentiefe und stattete seine Wandgliederung so mit einem stärkeren, graphisch wirksamen Schlagschatten aus. Ferner bevorzugte Schlaun die Kalkmörtelfuge in der gleichen Stärke und Plastizität bei der (senkrechten) Stoß- und (waagerechten) Lagerfuge. Niehaus hingegen liebte den graphisch strengeren, den exakter wirkenden Steinverband mit ganz schmaler Stoßfuge und breiterer Lagerfuge. Das ist an allen Niehaus-Bauten zu beobachten, und darin sind ihm offensichtlich die Maurermeister auf dem Hümmling, nach Belehrung durch den Baumeister, gern gefolgt: ob es sich nun dabei um Johann Gerhard Schwöffermann aus Werlte bei den Niehaus-Kirchen in Lahn und Lorup oder um Johann Dierkes bei der Kirche in Hüven gehandelt hat.[40]

A.J. Niehaus hat sich mit seinen Plänen für die Kirche S. Prosper in Neuarenberg/Gehlenberg Zeit gelassen, um für dieses Projekt den gültigen Typus einer kleinen Landkirche zu entwickeln, die vom Raumangebot her der Anzahl der Gläubigen einer damals durchschnittlichen dörflichen Kirchengemeinde und auch den liturgischen Anforderungen genügen sollte. Niehaus entschied sich für einen turmlosen klaren Rechteckbau in Backsteinausfertigung – unter mäßig hohem Walmdach, ohne Choranbau. Der sieben Fensterachsen tiefe Saal trug über umlaufendem Gesims mit mäßig hoher Voute eine flache und schmucklose Decke. Die fensterlose Eingangsseite mit großflächiger Lisenengliederung fand ihre betonte Mitte in dem klassizistischen Portikus mit dorischen Säulen, Attika mit Triglyphenfries und Dreieckgiebel. Die seitlichen Außenwände zeigen je zweimal drei von Lisenen geteilte Wandfelder mit rundbogigen „romanischen" Fenstern. Die fensterlosen Mittelfelder erhielten auf der Nordseite einen weiteren Eingang, vor der fensterlosen Südseite stand im Innern die Kanzel zur Verkündigung des Gotteswortes. Der ursprüngliche Dachreiter war bereits ein Zugeständnis an her-

Die Wandgliederung J.C. Schlauns blieb Vorbild auch für die Architektur des Klassizisten A.J. Niehaus

Die Kirche von Neuarenberg, dem heutigen Gehlenberg – trotz mancher Beeinträchtigungen das reife Frühwerk von A.J. Niehaus

Der Prospekt des griechisch-römischen Tempels – Vorbild für den Eingang

zogliche Wünsche, dennoch wurde aus Brüssel vor allzu „reichen Verzierungen in den Wüstungen des Hümmlings" gewarnt und dem Baumeister Niehaus empfohlen, „daß er die möglichste Ökonomie in allem betrachtet".[41] Die herzogliche Hauptverwaltung in Brüssel wollte also den Rotstift ansetzen.

A.J. Niehaus wusste die Einwände des Herzogs, der für den Bau „das gesamte Bauholz und außerdem 4.000 Taler in bar" beitrug, mit seinem Credo eines jungen Baumeisters zu entkräften, wenn er schrieb[42]: „Jeder Bau soll den Regeln der Bau-

Architektonische Schlichtheit und Klarheit als Fundament für Feierlichkeit, Ernst und Würde: Die kleinen Dorfkirchen von A.J. Niehaus deuten in ihrer stets ähnlichen Außenhaut den Saalbau im Innern an. Von den Kirchen (von links nach rechts) in Geeste (1841/42), Stavern (1850/51) und Groß Fullen (1853) steht heute nur noch die St. Michaels-Kirche von Groß Stavern

kunst gemäß durch seine Anordnungen und Verzierungen den Charakter und die Bestimmung an der Stirn tragen. Besonders aber dürfen Kirchen eine vorzügliche Beherzigung von seiten ihrer Gründer finden, in dem man sie nach menschlicher Denkweise als Sitz des Unbedingten, des Unendlichen betrachten kann. Sie sollen die Seele mit dem aus ihr sprechenden Geist erheben und in soweit möchten wohl angebrachte Verzierungen, besonders wenn sie so sparsam vorkommen, wie es hier der Fall ist, selbst in einer Dorfkirche nicht überflüssig erscheinen."

Am 9. November 1831 war die feierliche Benediktion der neuen Kirche. Niehaus hatte bei seinem ersten „arenbergischen" Kirchenbau im Herzogtum für seine Auffassung eines schlichten, architektonisch wohlproportionierten und vom Zeitgeist des Klassizismus geprägten Baukörpers gekämpft und sich mit dem Ergebnis Respekt verschafft und hatte erfahren, dass er sich gegen Brüsseler Sparmaßnahmen künftig heimische Verbündete würde suchen müssen, um seinen architektonischen Vorstellungen auch eine aufwendigere Realisation zukommen zu las-

St. Michaels-Kirche in Stavern (1850/51)   *St. Vincentius-Kirche in Groß Fullen (1853)*

sen. Der Raumeindruck dieser ersten klassizistischen Landkirche von A.J. Niehaus vermittelte etwas von den „römischen" – weniger romanischen – geistlichen Versammlungsräumen aus der frühen Christenzeit, und dieses zeitlose, ästhetisch gültige, weil unkomplizierte Formgefühl im Bauen wurde von den Menschen auf dem Hümmling verstanden. Insofern hat der klassizistische Formwille für das Raumgefühl im Innern und für die Wandgestaltung des Äußeren bei den Niehaus-Kirchen der kleineren Dimension, die eben auch für die kleineren Kirchengemeinden vorgesehen waren, hohe Akzeptanz und auch eine erstaunliche Nachfolge gefunden.

Freilich kam für Niehaus die ganz persönliche Lösung seiner Turmgestaltung hinzu, die ihm in Neuarenberg noch verweigert worden war. Denn Kirchtürme sind wichtige Landmarken. Dörfer wollen mit ihren Kirchen von Horizont zu Horizont gesehen werden, und ihre Türme sollen eine geistliche Vernetzung über dem Land signalisieren. So stattete Niehaus seine Dorfkirchen jeweils mit einem Turm vor dem West-

giebel aus, meist in drei Geschosse geteilt, schlicht und feststehend in seiner Gliederung wie ein Leuchtturm des Glaubens, mit für den Baumeister typischen klassizistischen Wandöffnungen und Portallösungen versehen.
Aber immer waren diese Dorfkirchen als Saalbauten konzipiert – mit flacher Decke über einem nicht allzu betonten Gesims, aber durchaus wandlungsfähiger Kehlung zwischen Wand und Decke, der sogenannten Voute. Zum Formenkanon der Wandgestaltung im Innern gehört an vielen Stellen ein die hohen Fensterleibungen mittels Korbbogengesimsen überspringendes Pilastersystem. Dieses Gestaltungsprinzip der kleinen Landkirche findet sich im Werk von A.J. Niehaus nach Neuarenberg/Gehlenberg wieder in den Kirchen von Lorup, Geeste, Wippingen, Lahn, Stavern, Fullen und Hüven bis hin zu seinem Spätwerk in Tinnen – dem Kirchlein, das 1862 kurz vor dem Tod von Niehaus entstand. Doch noch während der Neuarenberger Kirchbau in vollem Gange war, bei dem die Finanzen doch sehr eingeschränkt waren, meldete sich die Kirchengemeinde Werlte bei Niehaus als zweiter Auftraggeber, der, ungleich besser mit Geldern ausgestattet, den Planungen für ein großes Gotteshaus ganz anderen architektonischen Zuschnitts positiv gegenüberstand.

Die neuen Amtshäuser in Sögel und Aschendorf

Schon vor 1830 setzte eine Flut von Bauaufträgen für A.J. Niehaus ein, die einerseits auf die Wertschätzung seiner Arbeit in Neuarenberg zurückzuführen war, die anderseits aber den Typus der kleinen Landkirchen gar nicht betrafen.
Neben dem Werlter Kirchenbau begann die herzogliche Verwaltung in Meppen, den Haselünner Architekten für sehr unterschiedliche Arbeiten heranzuziehen. In der Schlossanlage Clemenswerth musste er sich im Frühjahr 1828 mit dem Bau eines Eiskellers auseinandersetzen, denn die herzogliche Familie hatte nach ihrem vorjährigen Besuch geäußert, Clemenswerth nun öfter nutzen zu wollen.[43] Vor diesem Hintergrund ist auch der Bau der Schlossgärtnerei am Südrand des Parks zu sehen, die 1831 entstand. (Gemeint ist die heutige Museumstöpferei!) Weiter plante Niehaus in diesen Jahren das Pfarrhaus in Neuarenberg und das Forsthaus in Vrees.[44]

Doch war dies alles eigentlich nur ein Nebengeplänkel – die wichtigen, auf Dauer Bewunderung einfordernden Bauvorhaben waren nämlich schon längst in Planung. Sie betrafen die beiden herzoglich-arenbergischen Amtshäuser in den Ämtern Hümmling und Aschendorf: den Ludmillenhof in Sögel und das Haus Nienhaus, südlich zwischen der Stadt Aschendorf und dem Dorf Herbrum gelegen.

Bereits 1828 begann Niehaus mit den Planungen zum Ludmillenhof, im Süden vor Sögel „auf wilder Heide" gelegen. Dabei ließ er auch die Überlegungen des arenbergischen Amtmannes Paulus Modestus Schücking einfließen, der 1815 im Clemenswerther Marstall Residenz genommen hatte und noch immer dort wohnte. Der Ludmillenhof sollte amtliche Repräsentation und privates Wohnen vereinen. Unter diesen Aspekten gab es dazu einen laienhaft gezeichneten Plan des Sohns, des späteren Schriftstellers Levin Schücking (1814–1883). Auch die lateinische Inschrift auf das arenbergische Stifterpaar im Giebel des Hauses soll auf die Familie Schücking zurückgehen.[45] Was nach der Grundsteinlegung im Mai 1829 dann nach Plänen von Niehaus entstand, hat der Architekt samt Notizen zur Anlegung der Gartenanlage wie folgt beschrieben[46]: „Das in den Jahren 1829 und 1830 neu aufgeführte Amtshaus zu Sögel hat eine Länge von 156 Fuß zu einer durchschnittlichen Breit von 37 Fuß. Das nimmt einen Flächeninhalt von 5778 Quadratfuß ein. Das Haus ist durchschnittlich einstöckig. An der vorderen Facade ist indeß der mittlere Teil auf einer Breite von 36 Fuß zweistöckig. Unter dem mittleren Teile befindet sich ein gewölbter Keller. Die Mauern des Gebäudes sind durchgängig massiv von Ziegelsteinen aus Sögel gebaut. Zu dem Sockel des Gebäudes, zu den Fensterbänken, den Fenstergewänden der vorderen Facade, zu den äußeren Thürgewänden, zu dem mittleren Portale und zu der mittleren byzantinischen Fenster-Decoration des zweiten Stocks sind Sandsteine aus den Brüchen zu Gildehaus verwandt".

Der hell verputzte zweistöckige Mittelrisalit mit Rustizierung im Untergeschoss, dem zwei Scheinrisalite mit rustizierten Ecklisenen zu den Seiten der zehn Fensterachsen breiten, lang hingestreckten Backsteinfront einen architektonischen Rahmen geben, verdeutlicht die klare körperhafte Handschrift von Niehaus, dem bei dieser Konzeption die Übertragung einer norditalienischen Landvilla aus dem Veneto in den Norden

Das Formrepertoire des Klassizisten Niehaus entfaltet sich an seinen Profanbauten besonders reich: Beispielhaft sind der Mittelrisalit am 1828/32 erbauten Ludmillenhof, dem Amtshaus in Sögel, mit griechischen Bauelementen und auch solchen aus der Renaissance, ...

Germaniens vorgeschwebt hat. Der kubisch wirkende Treppenantritt, die zwei dorischen Säulen im nur leicht der Front vorgelegten Portikus mit Architrav, Triglyphengesims und ornamentierten Akroterien über den Ecken sind überfangen von dem palladianischen Fenster mit jonischen Säulchen, Rundbogen, Oberlicht und begleitenden Occuli. Auch das Rundfenster unter der ursprünglich noch flacher konzipierten Giebelneigung wird bald zu einem immer wiederkehrenden Niehaus-Motiv an den Giebeln und Türmen seiner Kirchen. Bemerkenswert ist, dass dem Architekten auch die Gestaltung der unmittelbaren Umgebung des Baus nicht gleichgültig war. Die Aufböschung der quergelagerten Auffahrt gibt dem Gebäude, das sich selbst nur über niedriger Sockelzone erhebt, den notwendigen optischen Unterbau und damit zugleich Distanz und Würde für diesen Repräsentationsbau eines herzoglichen Amtsmanns. 1831 war das Gebäude fertig gestellt, das seitdem im Emsland zu einem der besonders gelungenen Profanbauten in der Nachfolge des hannoverschen und Göttinger Klassizismus gezählt wird.[47]

Der Ludmillenhof sollte eine unmittelbare und dann doch gänzlich anders realisierte Nachfolge erhalten. Denn der Herzog Prosper Ludwig und die herzogliche Verwaltung entschlossen sich sehr schnell zum Bau eines weiteren Amtshauses in Aschendorf. Haus Nienhaus entstand 1832/33. Betrachtet man den wuchtigen, auf rechteckigem Grundriß sich erhebenden Baukörper, könnte man auf die Idee kommen, dass sich der Architekt von der Geschichte des mittelalterlichen Burgplatzes beim „Nien Haus" habe leiten lassen. Das gesamte Untergeschoss mit seinen je drei Fensterachsen neben der hohen Freitreppe mit beeindruckend klar und schmucklos gegliedertem Portikus in der Mitte wirkt wie ein kräftig-hoher Sockel eines festen burgartigen Hauses.[48] Eckrustizie-

… und der Monumentalität ausstrahlende Portikus am Haus Nienhaus in Aschendorf (1832/33). Seine Freitreppe führte direkt in den Gerichtssaal

rungen und das breit gebänderte Gesims unter hohem Walmdach verstärken eigentlich noch den Eindruck dieses Respekt einfordernden Repräsentationsbaus, der einen großen Gerichtssaal, hinter dem großen Säulenportikus gelegen, und mehrere Amtsräume im Obergeschoss enthielt. Im Untergeschoss lagen die Wohnungen für zwei höhere Beamte und dann auch die Gefängniszellen: Oben abgeurteilt, war der Weg nicht weit in den Arrest bei Wasser und Brot, die Ökonomiegebäude hinter dem hohen Haus umschlossen einen kleinen Hof für den Freigang der Delinquenten. Der Architekt hatte bei diesem Gerichts- und Amtsgebäude – wie man sieht – vielerlei Funktionen bedacht, die für einen ländlichen Verwaltungsbau des 19. Jahrhunderts von Gewicht waren. Insofern wurde Haus Nienhaus später auch in hannoverscher und preußischer Zeit als Verwaltungssitz weiter genutzt.

Jahre später hat sich A.J. Niehaus nochmals der Aufgabe eines Amtssitzes gestellt, 1844/45 bei der ehemals fürstbischöflichen Burg in Meppen und 1850 beim Neubau des Rathauses in seiner Vaterstadt Haselünne. In beiden Fällen aber waren die Bedingungen oder äußeren Umstände weniger günstig, daraus besonders ästhetische Architekturen entstehen zu lassen, so dass die Amtshäuser in Sögel und Aschendorf im Werk des Baumeisters – was ihre stilistische Wirkung und bauliche Qualität betrifft – keine Nachfolge im Emsland erfahren haben. Diese vollzog sich vielmehr im Rheinland, wo Niehaus in Himmelgeist bei Düsseldorf für die arenbergischen Besitzungen mit dem Haus Mickeln 1843 nicht nur ein Verwaltungsgebäude, sondern einen spätklassizistischen Bau mit der Ausstrahlung eines Schlosses entstehen ließ. Doch hatte der Haselünner Architekt längst das volle Vertrauen des Herzogs Prosper Ludwig und auch einer Vielzahl seiner leitenden Beamten errungen.

Am 25. September 1834 war er zum „herzoglich-arenbergischen Rentkammer-Bau-Inspector" ernannt und mit einem Jahresgehalt von 100 Talern ausgestattet worden.[49] Bereits ein Jahr später, mit herzoglicher Instruktion vom 29.9.1835, wurde sein Amtsbereich über das emsländische Herzogtum hinaus auf sämtliche deutsche Besitzungen des Hauses Arenberg erweitert. Damit reichte seine Bautätigkeit und sein Einfluss bis weit über den Rhein, war allgegenwärtig im Vest Recklinghausen und selbst bei den herzoglichen Besitzungen in der Krummhörn in Ostfriesland.[50] Sein Jahresgehalt stieg auf 400 Taler und wurde 1844 nochmals um 100 Taler erhöht.⁵¹ Mitte der 40er Jahre betrieb Niehaus neben seiner Tätigkeit in herzoglichen Diensten auch ein privates Architekturbüro.

Die großen Niehaus-Kirchen in Werlte und Lingen

Wie dicht die Planungsphasen in den ersten fünf Jahren zwischen 1828 und 1833 aufeinander folgten, wird eben dann besonders deutlich, wenn man sich vergegenwärtigt, dass in diesen fünf Jahren auch die beiden Großkirchen von Niehaus entstanden sind: die erste in Werlte auf dem Hümmling (1828–32) und die zweite in der preußischen Provinzstadt Lingen an der Ems (1832–36).

Über dem klassizistischen Blendportikus der geraden östlichen Chorwand verkündete 1830 die Werlter Kirchengemeinde und ihr Architekt voller Stolz:

NOVA MOLE SVA STAT DIVI ECCLESIA SIXTI

(Auf ihrem neuen Grund steht die Kirche des hl. Sixtus)

Die herausgehobenen Buchstaben des Chronostichons ergeben als römische Zahlen addiert die Jahreszahl 1830. Man hatte Niehaus für den Bau der damals größten Kirche auf dem Hümmling gewinnen können, deren Baukosten aber 120 000 Mark nicht überschreiten durften.⁵² Nach der Grundsteinlegung 1829 wurde sie bereits am 28. Oktober 1832 geweiht. Vielleicht ließ sich Niehaus durch den Kirchenpatron, den hl. Papst Sixtus II., der in Rom 258 n. Chr. als Martyrer starb, inspirieren, als er dem wuchtigen und hohen Ziegelbau mit geradem

Der klassizistische Portikus mit angeschnittenem Rosenfenster: Westeingang der Werlter Kirche

Wohl der schönste Kirchturm auf dem Hümmling: 130 Jahre nach Vollendung der St. Sixtus-Kirche erinnerte man sich in Werlte an die Niehaus-Pläne und krönte den Turm 1962 mit seiner ursprünglichen charaktervollen Spitze

Das Innere der Pfarrkirche Werlte in der reichen Ausmalung des späten 19. Jahrhunderts …

… und heute, wo man dem Raumgefühl des Klassizismus durch kühle Schlichtheit begegnet

östlichen Chorabschluss in den Wandabwicklungen des Außenbaus das Aussehen einer frühchristlich-römischen Basilika gab, ohne jegliche Anbauten an den nördlichen und südlichen Langhauswänden, die sich neben den mittleren hohen Blendbögen mit großen Rosettenfenstern in je zwei hohen romanischen Fenstern nach West und Ost öffneten. Der dem Westgiebel vorgestellte Turm, der mit seinen die drei Geschosse teilenden breiten Gesimsbändern das beeindruckende Gefühl des Architekten für wohlgesetzte Proportionen demonstriert, musste nach Provisorien, Bränden und auch stilistischen Fehlentscheidungen späterer Generationen bis zum Jahre 1962 warten, bis ihm die von Niehaus ursprünglich vorgesehene, achteckige Spitze mit dem charakteristischen Anhub aufgesetzt wurde. Überhaupt durfte wohl mancher seiner Pläne nicht so ausgeführt werden, wie von ihm vorgesehen. Dennoch: Die Ziegelarkaturen und Zahnschnittfriese in feiner Maurerarbeit an Ost- und Westgiebel wie auch der erhaben wirkende klassizistische Westeingang mit bekrönendem halbierten Rosenfenster sind ein Zeugnis für die hohe Kunst der Niehaus-Architektur, mit wenigen sparsam gesetzten Schmuckformen die Monumentalität des Ganzen zu steigern.

Das Innere der Werlter Sixtus-Kirche überrascht durch die für diese Region ungewöhnlich monumentale Raumgestaltung als Wandpfeilerkirche aus der Zeit des Barockklassizismus vor 1700, die mit ihrer Abfolge von in das breite Langhaus geöffneten „Seitenkapellen" auch die Lichtführung des gesamten Raumes dominiert. Das Mittelschiff wird weiträumig überwölbt von fünf traversalen Kreuzgratgewölben zwischen breiten Gurtbögen, die auf die Wandpfeiler niedergehen. Wahrscheinlich hat Niehaus die von August Reinking 1815–18 errichtete St. Gertrud-Kirche in Lohne bei Vechta bereits gekannt, deren Innenraum als klassizistisch-gotisierende Wandpfeilerkirche konzipiert ist. Niehaus baute dort 1835 einen Choranbau und zwei Osttürme.[53] Trotz des Verlustes der klassizistischen Inneneinrichtung und des großen Hochaltars – Niehaus hat sich bei keiner seiner Kirchen bei der liturgischen Ausstattung den Stift aus der Hand nehmen lassen – und trotz der Umbauten von 1860/62 durch Johann Bernhard Hensen, die den ursprünglichen Formwillen beeinträchtigten, ist die Werlter Sixtus-Kirche – wohlgemerkt die Kirche des mit damals ca. 1150 Einwohnern[54] zweitgrößten Hümmlingsdorfes –, eine der charaktervollsten Raumschöpfungen aus der Zeit des Klassizismus im westlichen Niedersachsen. Rückblickend schrieb Niehaus um 1860 über die Werlter Kirche[55]: „Die artistische Auffassung der jetzt vorhandenen östlichen Giebelfassade der Kirche entstand sowie der ganze Bau unter dem Eindruck der damals herrschenden Kunstanschauung (des Klassizismus). Es waren in dieser Zeit die antiken römischen Formen in der Architektur vorherrschend. Die eines übergroßen Reichtums der Dekorationen entkleideten Gestaltungen römischer Kirchenfassaden und ähnlicher Pariser Nachahmungen sind nicht ohne Einfluß auf die Projektierung geblieben".

Den hohen Anschauungen des Niehaus'schen Klassizismus begegnet man ein zweites Mal – leider auch dort nicht in Reinkultur erhalten – in der großen Stadtkirche St. Bonifatius in Lingen, im damals an das Herzogtum Arenberg-Meppen angrenzenden preußischen Ausland. Niehaus war 1832 zur Begutachtung vorhandener Pläne für die neue Kirche hinzugezogen worden und unversehens als technischer Leiter dieses

Lingens St. Bonifatiuskirche: Gegen die reichen Architekturformen der späteren Anbauten von Chor und Westturm behauptet sich die klare Wandabwicklung der Langhausseiten von A.J. Niehaus

Das Innere von St. Bonifatius in Lingen: Die dreischiffige Säulenhalle beeindruckt durch den gelungenen Rückgriff auf die frühchristlich-römische Basilika

Projekts in die Verantwortung genommen[56], die ihn zur völligen Überarbeitung vorhandener Pläne veranlasste.

Für den ungewöhnlich tiefen, acht Fenster langen Langhausbau mit geradem Chorschluss, wie Niehaus ihn bevorzugte, konzipierte er im Innern eine dreischiffige Säulenhalle unter längsgerichteten Tonnengewölben über jedem Schiff: „Der Klassizismus griff in Varianten auf die klassische Antike zurück. Die Anregung der Basilika heidnischer oder christlicher Herkunft ist auch in St. Bonifatius spürbar".[57] Die lange

Reihung der toskanischen Sandsteinsäulen erinnert natürlich an die große Kirche Santa Maria Maggiore in Rom aus dem 5. Jahrhundert, an die berühmte erste Marienkirche im christlichen Westen. Doch auch die Architektur der italienischen und französischen Barockklassizisten des 17. Jahrhunderts von Carlo Maderna (1556–1629) und Claude Perrault (1613–1688) hat – von Niehaus einfühlsam und zurückhaltend zitiert – bei diesem bedeutenden emsländischen Kirchenbaus des 19. Jahrhunderts Pate gestanden. Noch vor 1900 haben räumliche Zwänge die Kirchengemeinde veranlasst, die in das mittlere Kirchenschiff eingreifende und mit dem östlichen Rundbogenpaar zu Beginn der Säulenreihen verbundene Hauptaltarlösung von Niehaus durch eine ausgestellte romanische Chorapsis zu ersetzen. Auch der von Niehaus errichtete Dachreiter, ein weiteres seiner beliebten Architekturmotive, musste damals der Westturmarchitektur des münsterschen Architekten W. Sunder-Plaßmann weichen.[58] St. Bonifatius grüßt seitdem mit seinem hohen spitzen Turmhelm weit über die Stadt und das Lingener Land.

Buchweizenernten für den Kirchenbau

Seit Mitte der 30er Jahre stellten sich dann vermehrt für Niehaus Bauaufgaben in den kleinen Dörfern des Herzogtums – mit Ausnahme von Papenburg, für das er um 1840 Pläne für eine neue St. Antonius-Kirche am Untenende entwarf, die aber nicht zur Ausführung kamen.[59] Gerade neue katholische Kirchengemeinden in den Dörfern sahen sich in jenen Jahren durch vollzogene Abpfarrungen von den großen Kirchspielen bestärkt, in ihren Dörfern den Neubau von Kirchen – etwa an Stelle älterer Kapellen – zu erwägen. Dringlich wurden die Probleme dort, wo ein spürbarer Bevölkerungszuwachs und inzwischen unzumutbare Wegstrecken oder Straßenverhältnisse neue Lösungen durch eigene Kirchenneubauten erzwangen. Fehlende Gelder zum Bau wurden in den Dörfern von den Kirchengemeinden, den Pfarrern oder auch von Einzelpersonen erstaunlich phantasievoll gesammelt: Eigenhilfe war damals schon ein Zauberwort! In Werlte hatte man das Brennen der Ziegelsteine und ihre Lieferung zum Selbstkostenpreis aushandeln können, die heutige Landstraße von Werlte nach Harrenstätte wurde damals extra für die Steintransporte zur Werlter Kirche gebaut.[60] Material-, Stein- und Holzfuhren wurden nach dem Vorbild der noch bekannten Hand- und Spanndienste aus den fürstbischöflichen Zeiten erledigt. Die Maurer- und Zimmerergewerke wurden mit Billigung von Niehaus an Handwerkermeister in der jeweiligen Kirchengemeinde vergeben. Das Bargeld kam oftmals aus Erbschaften oder Schenkungen, aus dem Verkauf von Kirchenplätzen und aus Verpachtungen zusätzlicher, bislang ungenutzter Moorflächen für den Buchweizenanbau oder auch für andere Getreidearten. Gerade der Buchweizen brachte in den Jahren zwischen 1835 und 1850 wohl immer wieder erstaunliche Ernteerträge, sonst wären darüber in den Kirchenarchiven von Lorup, Stavern und Hüven keine Aufzeichnungen erhalten.[61] In Lahn wurden für die St. Martins-Kirche später noch

Die St. Martins-Kirche in Lahn mit Lisenengliederung an Langhaus und Turm

einmal 40 Morgen Heideboden unter den Pflug genommen und kultiviert, damit man von alten Geldforderungen herunterkam: „Diese Art der Geldbeschaffung brachte eine rasche Schuldentilgung und führte zu mäßigem Wohlstand (der Kirchengemeinden) in späteren Jahren".[62] Und wie wir in dem bereits dargelegten Falle der Kirche in Neuarenberg/Gehlenberg sehen, war der Herzog nicht nur dort, sondern immer wieder einmal bereit, für den Kirchenbau auf dem Hümmling in seine Schatulle zu greifen oder seine Meppener Verwaltung um Lösungsvorschläge bei Engpässen zu bitten – wie etwa im Falle von Lorup.[63]

Eine der schönsten kleinen Landkirchen gelang A.J. Niehaus mit dem Bau von St. Marien in Lorup 1834/35. Sie ist neben St. Prosper in Neuarenberg/Gehlenberg der Prototyp, den Niehaus auch aufgrund der Erfahrung, die er von der ökonomischen Seite bei diesen beiden Kirchen gemacht hatte, anderen Kirchengemeinden weiterempfehlen

Das Innere der Lahner Kirche zeigt den für Niehaus typischen Saalbau mit seiner die Rundbogenfenster überbrückenden Pilasterordnung. Die heute noch erhaltene historisierende Ausmalung steigert das klassizistische Raumgefühl

konnte. Auch St. Marien in Lorup ist ein rechteckiger Saalbau mit Gesims und Voute im Übergang zur Flachdecke. An den Langhausseiten lassen die fein gemauerten Lisenenordnungen mit ihren hohen romanischen Fenstern mit einfachen Sprossen auf einen lichtdurchfluteten Raum schließen, der eigentlich fast allen Niehaus-Kirchen eigen ist. Später gestiftete farbige Fenster und historisierende Ausmalungen mit dunkelblauen Sternenhimmeln hinter den Altären und Scheinmalereien mit ornamentierten Tuchgehängen an den Langhauswänden haben oftmals zu einer Abdunklung dieser bewusst konzipierten, mild durchlichteten Räume geführt.

In Lorup ist auch der typische Westturm durch den Architekten – was Höhe, Maße, Wandgliederung, Durchfensterung und Behelmung betrifft – soweit entwickelt, dass die Westtürme an seinen anderen Kirchen als Varianten dieses Entwurfs bezeichnet werden können. Aber –

Die St. Marienkirche in Lorup (1834/35) veranschaulicht trotz mancher Veränderungen die klare Formensprache des arenbergischen Bauinspektors A.J. Niehaus

und diesen Vorzug hat die Kirche in Lorup – trotz aller An- und Umbauten, die die Niehaus-Kirchen im Verlaufe späterer Jahrzehnte über sich ergehen lassen mussten: St. Marien besitzt heute noch seinen ursprünglichen Hauptaltar, zwar nicht vor der gerade geschlossenen Chorwand stehend, sondern in einem kurz vor 1900 errichteten Chorraum, einen in seiner Gestaltung außerordentlich stilvollen klassizistischen Portikusaltar mit vier jonischen Säulen, Triglyphenarchitrav und Dreieckgiebel mit Akroterien, in schöner, zurückhaltender farbiger Fassung.

Die Westseite beherrscht eine ebenfalls beeindruckende Orgel aus der Niehaus-Zeit von 1855, die in ihrem geschnitzten und feinbemalten Gehäuse ein wenig zu barock auftritt und nicht ganz den Zeitgeist trifft. Den Blick zwischen dem Altar einerseits und dem Orgelproszenium andererseits hin und her schickend, merkt man, an welcher Stelle stilistische Sicherheit, maßvolle Originalität und der Ausdruck zeitlosen Geistes des Künstlers Hand geführt haben. Wie schön, dass in dem kleinen Kirchlein in Lorup nicht nur Steine und Mauern etwas von der Kunst des A.J. Niehaus erzählen!

Die Loruper Kirche hat als einzige Niehaus-Kirche ihren originalen Portikusaltar behalten

Das letzte Lebensjahrzehnt – die Kirchen von Vinnen und Börger

Das letzte Lebensjahrzehnt hat Niehaus – trotz nicht endender Bauaufträge und mannigfacher Arbeitsbelastungen als Gutachter und (damals schon) als Denkmalpfleger – eine Menge an Unruhe, Verdruss, an ungewollten Zugeständnissen und Phasen des Umdenkens eingetragen. Dafür stehen die Kirchenbauten in Vinnen und Börger. Beide Kirchen von seiner Hand verdeutlichen, dass Niehaus in seinen späten Jahren dem Pluralismus der historistischen Kunstrichtungen Tribut zollen musste. Es blieb ihm nicht erspart mitzuerleben, dass seiner Kunst des Klassizismus – dem Kunstschaffen nach antiken Vorbildern und auch dem darin artikulierten Geist – langsam der Rücken zugewandt wurde und andere Kunstauffassungen selbst an den geographischen Rändern solcher Zeit-

Die neobarocke Gestaltung der St. Antonius-Kirche in Vinnen (1853) kündigt sich zaghaft in der Form des Turmes an

strömungen, also auch im Emsland, ihre Befürworter fanden.

Der Stil der St. Antonius-Kirche in Vinnen wurde bestimmt durch ein Geschenk, das der dortigen Kirchengemeinde 1853 zugefallen war. Es handelte sich um den spätbarocken Hochaltar, um Kanzel und Kommunionbank aus dem niedergelegten Franziskanerkloster in Aschendorf, Arbeiten, die wohl aus der Schnitzerfamilie Jöllemann stammen, die über Riesenbeck, wo man 1812 vergeblich um eine Wiederverwendung dieser um 1775 entstandenen Ausstattungsstücke bemüht war, nun wieder auf den Hümmling zurückkehrten.[64] Somit musste sich Niehaus, einfühlsam wie man ihn an seinen anderen Sakralbauten kennen lernen kann, plötzlich mit der Gestaltung eines neobarocken Innenraumes befassen, den er um die barocken Ausstattungsstücke herum entwickelte. Während er am Außenbau seine typische Wandabwicklung mit Lisenen und durchfensterten Wandfeldern sprechen ließ, entschied er sich im Innern des Saalbaus für eine umlaufende Arkatur aus hohen, eng und weit gestellten Gesimsbögen – eine interessante Lösung, die letztlich aber die Homogenität des Raumes vermissen läßt.[65] Bis in den barocken Turmhelm hinein spürt man, dass sich der klassizistische Architekt schwer getan hat, sich in einer Sprache auszudrücken, die ihm nicht geläufig war.

Stilistischen Zwängen hat Niehaus ein weiteres Mal beim Bau von St. Jodocus in Börger Folge leisten müssen. Hier forderte man – nach der ungewöhnlichen Resonanz, die man in Deutschland der Vollendung des Kölner Domes nach 1848 auch journalistisch beimaß – für den Hümm-

Die gotischen Maßwerkfenster – Zitate aus dem Formenschatz des neuen Stils nach 1850 – können den klassizistischen Baumeister nicht verleugnen: St. Jodocus in Börger ist der letzte große Kirchenbau von Niehaus

ling ungewöhnlich früh und „modern" von Niehaus, dass er eine Kirche im neugotischen Stil errichten sollte, vielleicht sogar mit der Bemerkung, dass sich die Gemeinde sonst einem anderen Baumeister zuwenden könnte. Möglich ist auch, dass man an dieser Stelle des Klassizismus müde war, da man bereits die Vorgängerkapelle 1804 in klassizistischen Formen hatte errichten lassen.[66]

Der Bau von St. Jodocus scheint für A.J. Niehaus sehr wichtig gewesen zu sein, wollte er sich durch ihn doch auch bei seinem Dienstherrn, dem Herzog Prosper Ludwig von Arenberg, als Gotiker und exzellenter Kenner auch dieses hochmittelalterlichen Baustils empfehlen. Seit Gründung des Kölner Dombauvereins 1842 und der Übernahme des

Das Innere der Kirche von Börger (1856) – Gotik in neuem Gewande überall. Doch in der Raumgestaltung bleibt Niehaus der Wandpfeilerhalle treu – wie 30 Jahre zuvor in der Werlter Kirche, wo er romanisierenden Formen den Vorzug gab

Protektorats durch König Friedrich Wilhelm IV. von Preußen war der Herzog von Arenberg einer der großen Befürworter des Wiederaufbaus des Kölner Doms und zugleich sein wohl außergewöhnlichster privater Förderer: „Nicht nur überstiegen seine Beiträge in Höhe von 1.000 Talern alles bis dahin übliche, er hat vielmehr diese Summe, nach heutigem Wert etwas 250.000,– DM jährlich von 1842 bis zu seinem Tode 1861 gespendet, also volle 20 Jahre lang".[67] Der Begeisterung des Landesherrn im Herzogtum Arenberg-Meppen für die Gotik als zeitübergreifendem Architekturstil und seiner modernen Reproduktion galt es für Niehaus am Kirchenbau in Börger zu begegnen.

A.J. Niehaus ist auch in diesem Spätwerk der Klassizist geblieben, als der er mit seiner Kunst im nördlichen Emsland angetreten war. Der ruhig-wuchtige Baukörper der römisch-frühchristlichen Basilika bleibt auch in Börger unverkennbar. Die breit gelagerten Schildgiebel im Osten wie im Westen unter „römischer" Dachneigung verdeutlichen trotz des herausgezogenen gotisierenden Choranbaus mit durchfenstertem 5/8-Schluss die altbekannte Setzung von monumentalen Massen und Maßen, die auch in der klaren schmucklosen Geschosseinteilung des herausgestellten Westturms ablesbar ist. „Gotik" verwandte Niehaus als Architekturzitat auch an den äußeren Landhauswänden mit den schlank gekehlten Maßwerkfenstern zwischen dreimal getreppten Strebepfeilern, denen man ansieht, dass sie sich, ihrer eigentlichen Funktion beraubt, keinen Gewölbeschüben aus dem Innern entgegenstellen. „Gotik" bleibt auch als Zitat in den Fenstern und dem Westportal des Turms, dessen Spitzturm auch in seiner heutigen Gestaltung zum klassizistischen Formenschatz des Architekten zählt.

Im Innern konnte und wollte sich Niehaus nicht verleugnen. Es zeigt sich, dass ihm der gotische Gewölbebau alt-westfälischer Prägung nicht fremd ist: Die plastischen Gewölberippen sind tief heruntergezogen und ruhen auf gotisierenden Wandpfeilern, die von gotischen Maßwerkformen geöffnet sind. So suggeriert diese vorgetäuschte Seitenschiffarchitektur gotische Transparenz in dieser breit überwölbten Halle. Der Sakralraum in Börger ist auf diese Weise zum gewandelten Gesamtzitat seiner frühen klassizistischen Wandpfeilerkirche in Werlte geworden – weil es die veränderten Zeiten so wollten: im Gewand der Neogotik.

Die Biographin des Lebenswerkes von A.J. Niehaus, die Jahrzehnte im Emsland von Osnabrück aus tätige niedersächsische Landeskonservatorin Roswitha Poppe, hat schon 1959 ein abschließendes Fazit zur Kunst des ersten arenbergischen Baudirektors aus Haselünne formuliert, das auch am Ende dieser Niehaus-Betrachtung stehen sollte, weil nichts hinzugefügt und nichts verändert werden muss:[68]

„Bei einem sorgsamen Vertiefen in sein umfangreiches Lebenswerk muß man die einheitliche, unbeirrbare künstlerische Haltung bewundern. Dabei zeigt er sich in gestalterischen Dingen im Rahmen der ihm gesetzten Grenzen wandlungsfähig und schöpferisch. Nur zögernd zwar nimmt er die Wandlungen des Stilempfindens in den späten Jahren seines Lebens auf. Wo er die neuen, dem deutschen Mittelalter entlehnten Formen verwendet, gestaltet er sie mit großer Sorgfalt neu und fügt sie stets in harmonischer Weise seinen bis zu seinem Lebensende von klassizistischer Haltung erfüllten Bauten ein. Alles Laute und Protzige war ihm fremd. Er bleibt stets Diener an seinem Werk... Seine Bauten sind Baudenkmale, auf die das Emsland stolz sein kann."

Wegbereiter des neuen Stils – die Neugotik im Emsland

Prosper Ludwig, der „zweite" Herzog im Herzogtum Arenberg-Meppen, starb am 27. Februar 1861 in Brüssel. Sein ihn mehr als ein halbes Jahrhundert begleitender Rheumatismus, ein uraltes Familienerbe, hatte ihn zu Ende seines Lebens fast bewegungsunfähig gemacht. Er wurde 76 Jahre alt. Man kann wohl sagen, dass er von seinen norddeutschen Untertanen geliebt wurde: Im Herzogtum Arenberg-Meppen wurden 1000 Seelenmessen gelesen.[69]

Sein erster Baudirektor im Herzogtum, Alexander Josef Niehaus, starb 62jährig 1864 in Haselünne. Vielleicht hat auch er sich zu Ende seines Lebens paralysiert, in seinem Beruf, in seiner Kunst, an Geist und Erfindungsgabe unbeweglich empfunden, wenn er mitansehen musste, dass man an seinem ersten großen Kirchenbau in Werlte (1828–32) dreißig Jahre später nicht nur aus stilistischen Gründen die Um- und Anbauten in die Hände eines Jüngeren, eines Architekten aus der neuen Generation der Neogotiker gelegt hatte. Niehaus mag es geahnt haben, daß die kommenden Jahrzehnte dem 1828 in Sögel geborenen Kirchenbaumeister Johann Bernhard Hensen gehören und dass eben dieser – wiederum ein Landeskind – den Kirchenbau im Herzogtum maßgeblich beeinflussen, ja dominieren würde. Denn man war sich bereits mehrfach begegnet – in Wettbewerben und bei Ausschreibungen um emsländische und Südoldenburger Kirchen- und Kapellenneubauten. 1856 war der Bau von St. Jodocus in Börger noch an Niehaus gefallen, da er sich dem

Wunsch nach einer neugotischen Gestaltung gebeugt hatte.[70] Aber gleichzeitig hatte man sich in Wachtum bei Löningen für Entwürfe im romanischen Stil des jungen Baumeisters J.B. Hensen aus Sögel entschieden.[71] 1840/41 hatte Niehaus Risse und Pläne für einen Kirchenneubau in Osterfeine bei Damme geliefert. Als 1855 dieser Bau durch den Großherzog von Oldenburg genehmigt und bald darauf auch die Finanzierung gesichert war, hieß der Architekt 1861 nicht Niehaus, sondern wiederum J.B. Hensen aus Sögel.[72] Niehaus, dessen Einfluss im arenbergischen Herzogtum zwar ungebrochen war, brandmarkte den „Fanatismus und Enthusiasmus für die gotische Kunst", der gerade die Kölner Neugotiker „blind und ungerecht gegen jede andere artistische Regung mache" und sparte auch nicht mit Kritik an den Bischöfen in Münster und Osnabrück, die trotz eines „Mangels an richtiger Auffassung künstlerischer Bauformen als auch an Konstruktionskenntnis" das Kirchenbauwesen in beiden Bistümern in ungerechtfertigter Weise beeinflussten.[73] Niehaus hatte keinen guten Stand mehr: Die neue Zeit feierte einen neuen Geist!

J.B. Hensens erster Kirchenbau im Herzogtum: die Kirche in Wachtum im „romanischen Stil"

Der neue Geist einer Wiederentdeckung des Mittelalters und einer Wiederbelebung der Gotik sowohl im Kirchen- als auch im Profanbau hatte in der Tat durch die Wiederaufnahme des Kölner Dombaus 1842 einen ungeahnten Schub erhalten. Der Kunst der Gotik – namentlich ihrer Baukunst – galt alle Aufmerksamkeit in Theorie und Praxis. Dieser aus der späten deutschen Klassik und der Romantik hervorgegangene Kunstgedanke einte nicht nur Gelehrte vieler Geistesdisziplinen,

Politiker, Dichter und Journalisten – unter ihnen befand sich auch der in Sögel groß gewordene Literat Levin Schücking –, sondern ihm erwuchs auch in der katholischen wie protestantischen Kirche große Akzeptanz. Es ist schon bemerkenswert, dass der aus Schlesien stammende Lutheraner Ernst Friedrich Zwirner (1802–1861), ein Schüler Karl Friedrich Schinkels an der Berliner Bauakademie, 1833 mit der Bauleitung am Kölner Dom betraut wurde und somit ein Protestant zur einflussreichsten Persönlichkeit der neogotischen Bewegung in Deutschland avancierte.[74] Dem Einfluss der Künstler und Architekten ebenbürtig aber war auch das Bekenntnis zum neuen Stil der Gotik durch führende Vertreter aus königlichen und fürstlichen Häusern. Zu dem schon genannten Friedrich Wilhelm IV., dem Romantiker auf Preußens Thron, und dem Herzog Prosper Ludwig von Arenberg, dem größten Förderer des Kölner Dombaus, gesellte sich bald auch König Georg V. von Hannover, der mit seinem Architekten Conrad Wilhelm Hase (1818–1902) nicht nur den „zielbewußten Vorkämpfer der Wiederbelebung des mittelalterlich gotischen Backsteinbaus" an seiner Seite wusste.[75] König Georg V. hatte in C.W. Hase zugleich auch den Baumeister seiner aus der königlichen Privatschatulle bezahlten, ersten neugotischen Kirche Hannovers gefunden, der Christuskirche am Klagesmarkt in der Vorstadt, errichtet 1859–64. Diese Kirche wurde zum Vorbild fast aller neugotisch gestalteten protestantischen Kirchen im Königreich Hannover.[76] Bei der im Emsland aufkeimenden Liebe zum Welfenhause schaute man auch von hier aus diesem Grunde nach Hannover.

In den katholischen Ländern des Nordwestens hingegen galt die Überzeugung der Bischöfe von Münster und Osnabrück, voran das Wort von Bischof Johann Georg Müller, der, vormals Generalvikar und Weihbischof in Trier, seit 1848 Bischof in Münster war. Sein dortiger Vertreter und in der Beurteilung der Wiederbelebung der Gotik ganz konform denkender Kollege war der 1858–1866 als Bischof in Osnabrück tätige Dr. Paulus Melchers, der 1866 zum Erzbischof von Köln gewählt und später ins Kardinalskolleg berufen wurde. Die neue Kunstrichtung der Neogotik konnte sich also auf hochkarätige Befürworter und Förderer in beiden Kirchen Deutschlands berufen.[77]

Johann Bernhard Hensen aus Sögel – Baumeister des neuen Stils

Mit „unterthänigstem Gesuch" vom 20. Juni 1864 – auf den Tag genau 60 Jahre nach August Reinkings Akkreditierung – hat sich J.B. Hensen auf die frei gewordene Stelle eines herzoglichen Bauinspektors im Herzogtum Arenberg-Meppen beworben und ist dabei natürlich auf seinen Lebenslauf eingegangen. Er schrieb, dass er 1828 in Sögel geboren wäre, Eltern und Großeltern ebenfalls in diesem Dorfe gelebt hätten. 1857 hätte er dann die Prüfung als Maurer und Zimmermeister beim Amt Haselünne mit Auszeichnung bestanden. Zum Zwecke seiner „weiteren Ausbildung im höheren Baufache hätte er das Polytechnikum zu Hannover von 1858 bis 1860 besucht". Über seine Lehrer am dortigen Institut schwieg er, wenngleich er C.W. Hase, der seit 1849 Lehrer am Polytechnikum Hannover war, und seiner die Neuromanik und später die Neugotik bevorzugenden Baulehre ganz sicher nicht hat aus dem Wege gehen können. Als J.B. Hensen in Hannover studierte, hatte Hases Lehrtätigkeit bereits dem Polytechnikum seinen Stempel aufgedrückt.[78]

C.W. Hase[79] hatte damals schon wichtige Bauaufträge im Königreich Hannover realisiert: die Wiederherstellung des Zisterzienserklosters Loccum (1848), den Bau des Provinzialmuseums Hannover (1853), die Errichtung des neugotischen Welfenschlosses Marienburg bei Nordstemmen (ab 1857) und dann eben jene königlich-welfische Christuskirche in Hannover. Außerdem hatte sich C.W. Hase ab 1848 als Restaurator der mittelalterlichen Kirchen in Hildesheim und Lüneburg den Ruf eines „deutschen Viollet-le-Duc" – jenes beispiellosen Neugotikers in Frankreich[80] – erworben. J.B. Hensen schwieg zu alledem, weil es wahrscheinlich selbstverständlich war, dass man als junger selbstbewusster Architekturstudent Schüler des damals bereits bedeutenden C.W. Hase war, wenn man in Hannover die Baukunst der Zeit studiert hatte.

In seiner Bewerbung auf die Stelle des arenbergischen Bauinspektors erwähnte Hensen dann sehr ausführlich seine bereits vollendeten Kirchenbauten, die, da ihn A.J. Niehaus bislang weitestgehend aus dem Herzogtum Arenberg-Meppen verdrängt hatte, in großer Zahl im südoldenburger Münsterland – und unter besonderer Protektion des Münsteraner Bischofs Johann Georg Müller – entstanden waren. Nach der Kirche in Wachtum im Arenbergischen Amt Haselünne konnte er auf

Harkebrügge und Scharrel im Oldenburgischen Amt Friesoythe, auf die Kirchen in Osterfeine bei Damme, Lindern im Amt Löningen und Emstek im Cloppenburgischen verweisen. Außerdem nannte er Bauten von Schulen, Krankenhäusern und Pfarrämtern in Cloppenburg, Lastrup und Barßel. Zugleich führte Hensen aus, dass er mit einer ganzen Reihe von weiteren Projekten beschäftigt wäre, die eigentlich deutlich machen, dass dieser gerade 35-jährige Architekt ein unermüdlicher Planer und Bauleiter seiner Kirchen war. Denn er erwähnte damals, 1864, als Projekte in Planungsreife: die emsländischen Kirchen in Dersum und Apeldorn, Neuenhaus in der Grafschaft Bentheim, die Kirchen zu Rütenbrock und Hebelermeer, zu Garrel, Friesoythe und Meppen, ferner die Restaurierung des Domes zu Osnabrück. Auch lägen die Skizzen zu einem Gymnasialgebäude in Meppen den Behörden zur Genehmigung vor.[81]

Dass Hensen dem bisherigen arenbergischen Bauinspektor A.J. Niehaus in seinen letzten Schaffensjahren längst „das Wasser abgegraben hatte" – einschließlich des emsländischen Prestigeobjekts der Neugestaltung der Westfassade mit neuer Turmbekrönung an der Meppener Propsteikirche[82] – bleibt im Lebenslauf von Johann Bernhard Hensen unausgesprochen. Ob aus Bescheidenheit oder in sicherer Erkenntnis seines Sieges, sei dahingestellt. Die Ahnung von den Kämpfen und Rivalitäten zwischen dem älteren Klassizisten und dem modernen jungen Neugotiker in den Jahren zwischen 1856 und 1864 erhärten sich aus diesen Angaben zur Gewissheit.

Prosper Ludwigs Sohn, dem seit 1861 regierenden Herzog Engelbert August, lag bald J.B. Hensens Bewerbung in Brüssel vor[83], allerdings mit einem Begleitschreiben des Meppener Regierungsrates Matthias Deymann (1799–1871): „Daß der Inspector Niehaus in Haselünne neulich gestorben, werden Sie schon gehört haben... indeß die Herzogliche Domainenkasse eine Besoldung von jährlich 600 Reichstalern erspart". Kurzum man zweifelte, „daß seine Hochfürstliche Durchlaucht geneigt sein werde, die unnütze Stelle wieder zu besetzen...!" – Empfehlungen von Seiten der Bischöfe in Münster und Osnabrück blieben unberücksichtigt, als der Herzog Engelbert August schon am 30. August 1864 antwortete, dass man auf den Architekten Hensen aus Sögel „bei vorkommender Gelegenheit ... soviel als möglich Rücksicht nehmen würde".

Noch zu Lebzeiten von Niehaus das zukünftige Prestige-Objekt für J.B. Hensen: das nach 1866 errichtete „Westwerk" an der alten Propsteikirche in Meppen. – Die ursprünglich hohe Turmspitze wurde nach ihrer Zerstörung im 2. Weltkrieg nicht wieder hergestellt. Die heutige Lösung stammt von Dominikus Böhm

In der Gliederung ihrer Langhausseiten durch Strebepfeiler und der Gestaltung ihrer Türme ähneln sich alle kleinen Dorfkirchen von Hensen: die heute nicht mehr so bestehende Kirche in Apeldorn (1864/65) ...

Aus der Nachfolge im Amte des herzoglichen Bauinspektors A.J. Niehaus wurde also nichts.[84] – Dennoch hat Johann Bernhard Hensen – eigentlich mehr als der Haselünner Architekt – die Kirchenarchitektur unter dem Vorzeichen der Neugotik im Herzogtum Arenberg-Meppen und darüber hinaus im ganzen Emsland entscheidend geprägt.

Genauso wie A.J. Niehaus hat sich auch Johann Bernhard Hensen bei seinen Bauprojekten ökonomischen Zwängen, also meistens schmalen Baubudgets der Kirchengemeinden gegenübergesehen. Deshalb hat

… wie auch die monumental wirkende Kirche in Spahnharrenstätte (1864/65)

…oder die zurückhaltend gestaltete Kirche in Hebelermeer (1865)

auch er einen Prototyp für Kirchen und Kapellen kleinerer Gemeinden durchgeplant, den er je nach Wunsch mit Veränderungen im Innern und am Außenbau versah. Alle diese kleineren Hensen-Kirchen haben aber ein ganz typisches Erscheinungsbild: sie alle sind einschiffige, in der Regel traversal-fünfjochige, überwölbte Langhauskirchen mit eingezogenem Chorraum mit 5/8-Schluss, hohen gotischen Fenstern mit unterschiedlich reich gestalteten Maßwerkgliederungen und dreistufigen Strebepfeilern oder Lisenenordnungen am Außenbau. Meist sind die vor den Westgiebel gestellten dreigeschossigen Türme von gestuften und schräg über Eck gestellten Strebepfeilern begleitet. Die Türme tragen achtseitige Spitzhelme, denen vier Dreieckgiebel vorgestellt sind, halbrunde Orgelboden-Treppentürme begleiten die unteren Turmgeschosse auf wechselnden Seiten. Die neugotischen Hensen-Kirchen aus der ersten Hälfte der 60er Jahre veranschaulichen diesen Typ der kleinen Dorfkirche. Es sind dies die Kirchen von Dersum, Apeldorn, Spahnharrenstätte und Hebelermeer, die alle zwischen 1863 und 1866 errichtet und fertiggestellt wurden.[85]

„Im gotischen Stil läßt sich wohlfeiler bauen!" Dieser Ausspruch von Hensen zeigt, dass er das Bauen im neugotischen Stil für ökonomischer hielt als Kirchenbauten im neuromanischen Stil. Gotisch zu bauen bedeutete offensichtliche Materialersparnis: Neugotische Transparenz obsiegte über romanische Geschlossenheit der Mauern.[86]

Die großen Hensen-Kirchen im Emsland

Was eine fundierte und größer angelegte Finanzierung bewirken konnte, hat J.B. Hensen gleich nach seinen Studienjahren in Hannover zeigen können, als er 1860–62 für die Gemeinde Lindern im Oldenburgischen mit der St. Katharina-Kirche seinen ersten größeren Kirchenbau errichtete. Diese dreischiffige Hallenkirche in gotischen Bauformen mit spürbar schmalen Seitenschiffen, die sehr deutlich an das Raumkonzept seines Lehrers C.W. Hase erinnern, zählte bald nach ihrer Konsekration 1865 bei den Zeitgenossen – ähnlich wie seine Kirche im Cloppenburgischen Emstek – zu den „unstrittig schönsten Kirchen im Oldenburger Münsterland".[87] Hensen-Kirchen wie diese wurden folglich bei einigen, ehrgeizige Baupläne verfolgenden Kirchengemeinden auch im Emsland zu Vorbildern.

In den letzten drei Jahren seines nur 42 Jahre währenden Lebens hat der immerfort rastlose Sögeler Architekt, der seit seinen Arbeiten am Osnabrücker Dom als Dombaumeister firmierte und zeitweilig wohl drei Architekturbüros in Osnabrück, Cloppenburg und in seinem Heimatdorf Sögel unterhielt, die drei wohl wichtigsten, an Bauvolumen größten und vom Raumgefühl eindrucksvollsten Kirchen im Herzogtum Arenberg-Meppen und im Emsland geschaffen. Vom Bauvolumen handelt es sich dabei um Kirchen, die zwischen 500 und 600 Gläubigen Platz bieten sollten. Dies sind: Die Pfarrkirche St. Maximilian in Rütenbrock, 1867–70 als große dreischiffige Hallenkirche in gotischen Formen errichtet, deren Turm

Nach dem Vorbild der westfälischen Hallenkirche des späten Mittelalters gestaltet: die Kirche zu Rütenbrock

Das aus einer kleinen Moorkolonie hervorgegangene Dorf Rütenbrock dicht an der Grenze zu Holland, zwischen den Mooren gelegen, leistete sich diese stattliche neugotische Kirche. Auch die Frauen des Dorfes und des Kirchspiels „bauten" mit, indem sie ihren Schmuck zu Geld machten

Vielleicht die gelungenste bauliche Interpretation himmelan strebender Neugotik: das Innere der St. Jakobus-Kirche in J.B. Hensens Geburtsort Sögel (1867–71)

auch heute weit ins Harener Land und in die benachbarte holländische Drente herübergrüßt. Um diesen stattlichen Hensen-Bau zu finanzieren, hat sich so manche Frau aus Rütenbrock und Umgebung im wahrsten Sinne des Wortes das Teuerste vom Herzen gerissen, was sie besaß: ihren Goldschmuck, das sogen. „Gadderken" oder „Bengelwerk", das zur Sonntagstracht einer jeden Bäuerin gehörte, die etwas auf sich hielt.[88] – Weiterhin ist die St. Jakobus-Kirche in Hensens Heimatdorf

Sögel[89] auf dem Hümmling (1867–71) zu nennen, in deren neugotischer Halle mit ihren verschlankten Bündelpfeilern vielleicht Hensens gelungenste Interpretation himmelanstrebender Gotik entstand. – Und schließlich ist da die im südlichen Emsland von Hensen einzige in Naturstein gebaute Kirche St. Benedikt zu Lengerich[90] im Lingener Land (1869–73), ein in seinen Maßen geradezu grandioser Bau für eine damalige Landgemeinde.

Zwerchgiebel bestimmen die Dachlösung über Seitenschiffen und Chor der Sögeler Kirche. Der Bau des Turms, sein Einsturz und formal zurückgestufter Wiederaufbau wurden für Hensen zum Albtraum

In Sögel und Lengerich steht hinter dem dreischiffigen Hallenbau ein breiteres Querhaus vor dem tiefen Chor, der links und rechts von Sakristeianbauten mit Emporen begleitet wird. Der Außenbau beider Kirchen zeigt Zwerchgiebel über den Seitenschiffen mit hohen und breiten gotischen Fenstern und darüber Rundfenster mit wechselnden Maßwerkgliederungen. Alle drei von J.B. Hensen konzipierten und in der Bauausführung von ihm beaufsichtigten Kirchenbauten – nur St. Benedikt in Lengerich musste durch den frühen Tod des Baumeisters bedingt in andere Hände gegeben werden (vollendet durch A. Behnes) – vermitteln in den Proportionen ihrer gotischen Hallen heimatliche, sehr westfälische Maße. Die in Rütenbrock und Lengerich von wuchtigen Säulentrommeln getragenen hochvolumigen Kreuzrippengewölbe vermitteln eben nicht nur himmelwärts strebende Gotik oder Neugotik, sondern artikulieren Bodenständigkeit und Gebundenheit in den Traditionen einer alten Kunst- und Kulturlandschaft: – im Erfühlen des gewaltigen Raumes und seiner kraftvoll gesetzten Grenzen, im Erfahren des durch hohe Fenster dringenden Lichts und seiner modulierenden Eigenschaften, Raum durch Helligkeit und Verschattungen zu definieren. Paradoxerweise erscheint die in ihren Maßen am meisten als gotisch empfundene Halle der Kirche zu Sögel im Lichtszenarium des Tages stets mehr eingedunkelt als die von hellem Licht sanft durchfluteten Hallen von Lengerich und Rütenbrock. Allen drei großen Hensen-Kirchen, denen ein so beeindruckendes, die angebliche Innovationslosigkeit der Neugotik Lügen strafendes Raumgefühl innewohnt, haben in den jüngsten Jahrzehnten verantwortungsvolle Geistliche und Kirchenvorstände zu einem Erhaltungszustand verholfen, der die Begegnung mit dem neugotischen Kirchenbau im Emsland zu einem ästhetischen und auch optisch abwechslungsreichen Architekturerlebnis werden lässt – einschließlich ihrer neuen Ausmalungen und Aufstellung von Heiligenskulpturen.

In manchem der Sögeler Kirche sehr ähnlich – die in Sandstein errichtete Kirche in Lengerich

J.B. Hensen, der in seiner knapp bemessenen Schaffenszeit von nur fünfzehn Jahren mehr als zwei Dutzend Kirchenbauten im Südoldenburger Münsterland, im Emsland, in der Grafschaft Bentheim und im Osnabrücker Land errichtete, hat ein neugotisches Formenmuster der Architektur für den Kirchenbau hinterlassen, an das andere Baumeister nahtlos anknüpfen konnten, zum Teil unter Verwendung seiner Pläne wie etwa bei der Kirche in Klein Berßen, die als Hensen-Bau erst kurz vor 1900 vollendet wurde. Damals aber war längst der aus Papenburg stammende, spätere Osnabrücker Dombaumeister Alexander Behnes (1842–1924) in die Fußstapfen des frühvollendeten J.B. Hensen getreten, um mit seinen neugotischen Kirchen St. Antonius in Papenburg-Untenende (1873–77), St. Alexander zu Bawinkel (1904/1905) oder

Von beeindruckender Lichtfülle: das Innere der Kirche St. Benedikt in Lengerich, des letzten großen Baus von J.B. Hensen

Die nach dem Tod von Hensen streng nach den Plänen des Architekten erst kurz vor 1900 errichtete Kirche von Klein Berßen birgt auch einen stilistisch klaren neugotischen Innenraum

auch der kleinen St. Nikolaus-Kirche in Vrees (1893/94) im östlichen Hümmling der tiefen Gläubigkeit im Land Ausdruck zu verleihen.

A.J. Niehaus blieb im Emsland die klassizistische Einzelpersönlichkeit ohne Nachfolge. J.B. Hensen und schließlich der über die Jahrzehnte des Herzogtums Arenberg-Meppen zeitlich hinausreichende Kirchenbaumeister Alexander Behnes – zum dritten Mal ein Landeskind – haben in der beide Konfessionen einenden Kunstrichtung der Neugotik – trotz der Jahre des Kirchenkampfes zwischen Preußen und der Katholischen Kirche – eine gemeinsame Ausdrucksform und künstlerische Sprache gefunden, die den Kirchen im Emsland einen einheitlichen, eigentlich auch unverwechselbaren Stempel aufgedrückt haben – mit hohem Identifikationswert für die Menschen des Landes bis in unsere Tage.

Ein weiterer Höhepunkt im neugotischen Kirchenbau des Emslands: die St. Antonius-Kirche in Papenburg-Untenende, ab 1873 von Alexander Behnes, dem dritten „landeseigenen" Kirchenbaumeister geplant und errichtet

Kirchen von Alexander Josef Niehaus (1802–1864) im Emsland

1829–31	Neuarenberg/Gehlenberg *S. Prosper und St. Ludmilla* benediziert 9. 11. 1831 – klassizistischer Saalbau ohne Turm, Erweiterung 1931 durch Theo Burlage, Osnabrück
1829–32	Werlte *S. Sixtus* consekriert 28. 3. 1832 – neuklassizistische Wandpfeilerkirche mit Westturm, Umbau 1860–62 durch J.B. Hensen, Sögel
1834/35	Lorup *St. Mariä Himmelfahrt* Weihe nicht ermittelt – neuklassizistischer Saalbau mit Turm, 1898 Choranbau und 1960 neuzeitlicher Anbau südseitig
1840	Papenburg-Untenende *S. Antonius* Pläne zu einer 1846/47 teilweise ausgeführten Kirche, 1873–77 Neubau durch Alexander Behnes
1841/42	Geeste *S. Antonius* Weihe nicht ermittelt – neuklassizistischer Saalbau mit Turm, 1965 abgebrochen, moderner Neubau
1843	Wippingen *S. Bartholomäus* ben. 4. 11. 1843, neuklassizistischer Saalbau mit Turm, bis auf den Turm abgebrochen, 1976/77 Neubau
1850	Lahn *S. Martin* ben. 30. 10. 1850 – neuklassizistischer Saalbau mit Turm, 1927 Chorapsis, 1980 neuzeitlicher Anbau, nordseitig
1850/51	Stavern *S. Michael* ben. 16. 9. 1851, neuklassizistischer Saalbau mit Turm, 1893 und später Chor- und Sakristeianbauten

1853	Vinnen *S. Antonius* ben. 14. 9. 1853, neubarocker Saalbau um alte Ausstattung (Hochaltar, Kanzel aus dem Franziskanerkloster Aschendorf)
1853	Fullen *S. Vincentius* ben. 17. 12. 1853 – neuklassizistischer Saalbau mit Turm, 1912 Choranbau, 1971 Abbruch und moderner Neubau
1855/56	Börger *S. Jodocus* consecr. 13. 7. 1858, neugotische Wandpfeilerkirche mit Gewölbe und vorgestelltem Westturm, unwesentliche Anbauten
1856/57	Hüven *S. Joseph* ben. 10. 2. 1857, neuklassizistischer Saalbau unter Bauleitung von Bernhard Dierkes, Haselünne – 1935/36 moderner Neubau

Zwei posthum errichtete Kirchen von J.B. Hensen, bei denen er auch auf romanische Stilelemente zurückgriff: die Kirche in Neurhede (links) und die 1970 abgerissene Kirche von Werpeloh

137

1862/63	Tinnen *St. Maria* ben. 5. 11. 1863, neuklassizistischer Saalbau mit Turm, 1932 Erweiterung durch Theo Burlage, Osnabrück

Kirchen von Johann Bernhard Hensen (1828–1870) im Emsland

1856/58	Wachtum *St. Maria* consecr. 17. 7. 1859, neuromanischer Gewölbebau mit Turm, 1952 neuzeitliche Erweiterungen
1860/62	Werlte *S. Sixtus* Restaurierung und Umbau der Niehaus-Kirche im neuromansichen Stil (siehe dort)
1863–65	Neuenhaus, Grft. Bentheim, *St. Mariä Himmelfahrt* consecr. 5. 7. 1865, neugotischer einschiffiger Gewölbebau mit Turm, 1966 und 1980 Renovierungen
1864/65	Apeldorn *S. Antonius von Padua* ben. 19. 1. 1865, neugotischer einschiffiger Gewölbebau, 1974 bis auf den Westturm abgebrochen, Neubau
1864–66	Dersum *S. Antonius* ben. 17. 1. 1866, neugotischer einschiffiger Gewölbebau, 1978/79 moderne Erweiterung der Langhaus-Nordseite
1864–66	Spahnharrenstätte *S. Johannis der Täufer* ben. 7. 3. 1866, neugotischer einschiffiger Gewölbebau, 1981 moderne Erweiterung der Langhaus-Südseite
1865/66	Hebelermeer *S. Vincentius* ben. 19. 5. 1866, neugotischer einschiffiger Gewölbebau mit Westturm, 1937 und später Renovierungen
1866–69	Meppen *S. Vitus* Verlängerung der Seitenschiffe nach Westen um ein viertes Joch, dazwischen eingestellter Westturm mit hoher Spitze

1867–69	Rütenbrock *S. Maximilian* consecr. 4. 11. 1869, neugotische dreischiffige Hallenkirche 1984 Neugestaltung des Chors, Sakristeianbau
1867–71	Sögel *S. Jacobus* consecr. 21. 6. 1871, neugotische dreischiffige Hallenkirche mit angedeutetem Querschiff und eingestelltem Westturm (1873), letzte Renovierung 1987/88
1869–73	Lengerich *S. Benedikt* consecr. 18. 11. 1873, neugotische dreischiffige Halle mit Querschiff und vorgestelltem Westturm – aus Sandstein, vollendet durch Alexander Behnes, Osnabrück

Posthume Kirchenbauten nach Plänen von J.B. Hensen

1873–76	Werpeloh *S. Franziscus von Assisi* ben. 5. 12. 1882, neuromanischer einschiffiger Gewölbebau, 1970 bis auf Turm und Westgiebel abgerissen, Neubau
1873	Neurhede *S. Josef* ben. 15. 4. 1875, neugotischer, einschiffiger Gewölbebau mit Turm, 1974/75 und später Renovierungen
1897–1900	Berßen *Herz Jesu und S. Johannes der Täufer* consecr. 4. 9. 1900, neugotische dreischiffige Hallenkirche mit Querhaus. 1980 Neugestaltung des Chors

Der „Hedwigenstein" aus dem Jahre 1903 erinnert an die Entstehung eines großen arenbergischen Waldes nördlich von Sögel

Die Arenberger und das Emsland im 20. Jahrhundert und in der Gegenwart

von Christof Haverkamp

Wer nach Spuren der Herzöge von Arenberg im Emsland sucht, wird zum Beispiel in der Meppener Fußgängerzone fündig: „Arenbergische Rentei" steht in Klammern auf dem Hinweisschild zum Stadtmuseum. Eine Herzog-Arenberg-Straße führt vom Norden in das Zentrum der Kreisstadt; diesen Straßennamen gibt es in ähnlicher oder gleicher Form in Lathen, Sögel, Papenburg und Vrees und seit neuestem auch in Dörpen („Forst-Arenberg-Straße"). Dann sind da noch zwei Gedenksteine östlich vom Windberg in Werpeloh, an der Gemeindegrenze zu Spahnharrenstätte, die beide an Aufforstungen durch die Arenberger erinnern – und außerdem die ehemalige Kolonie Neuarenberg auf dem Hümmling, 1939 in Gehlenberg umbenannt, die im Rahmen der Gebietsreform 1974 der Stadt Friesoythe im Kreis Cloppenburg zugewiesen wurde.

Auch das mittlere Drittel im Wappen des Landkreises Emsland mit den drei roten Mispelblüten auf gelbem Grund weist auf die Herzöge von Arenberg hin, allerdings sind die Farben gegenüber dem Herzogswappen vertauscht. Wer nun vermutet, dass die goldene Blume auf rotem Grund im Wappen des Altkreises Meppen (abgebildet auf der ersten Lokalseite der „Meppener Tagespost") ebenfalls vom Herzogshaus Arenberg stammt, liegt falsch: Diese Deutung ist trotz der ähnlichen rot-gelben Farbgebung im Wappenschild unrichtig, denn es handelt sich um eine Rose, die an die ehemaligen Heidegebiete des Kreises erinnert.[1]

Moderne Forstwirtschaft der Arenberg-Meppen GmbH steht auch heute unter dem alten Wappenschild

Es mag im Emsland noch den einen oder anderen weiteren Hinweis auf die Arenberger geben – insgesamt aber tauchen in der Öffentlichkeit nur wenige direkte Erwähnungen der Adelsfamilie auf, die 1803 für den Verlust ihrer linksrheinischen Besitzungen unter anderem mit dem münsterschen Amt Meppen entschädigt wurde. 200 Jahre später ist ihre einstige Herrschaft längst Geschichte. Aber mancher Emsländer fragt sich schon, wo und wie die Nachfahren der Herzöge heute leben und was sie noch mit der Region zu tun haben. Beginnen wir also mit den Nachforschungen ...

Steinreich müssen die Arenberger sein. Oder zumindest noch vor rund 20 Jahren gewesen sein, wenn man dem sozialistischen Schriftsteller

Die Herzöge von Arenberg im 19. und 20. Jahrhundert (Auszug)

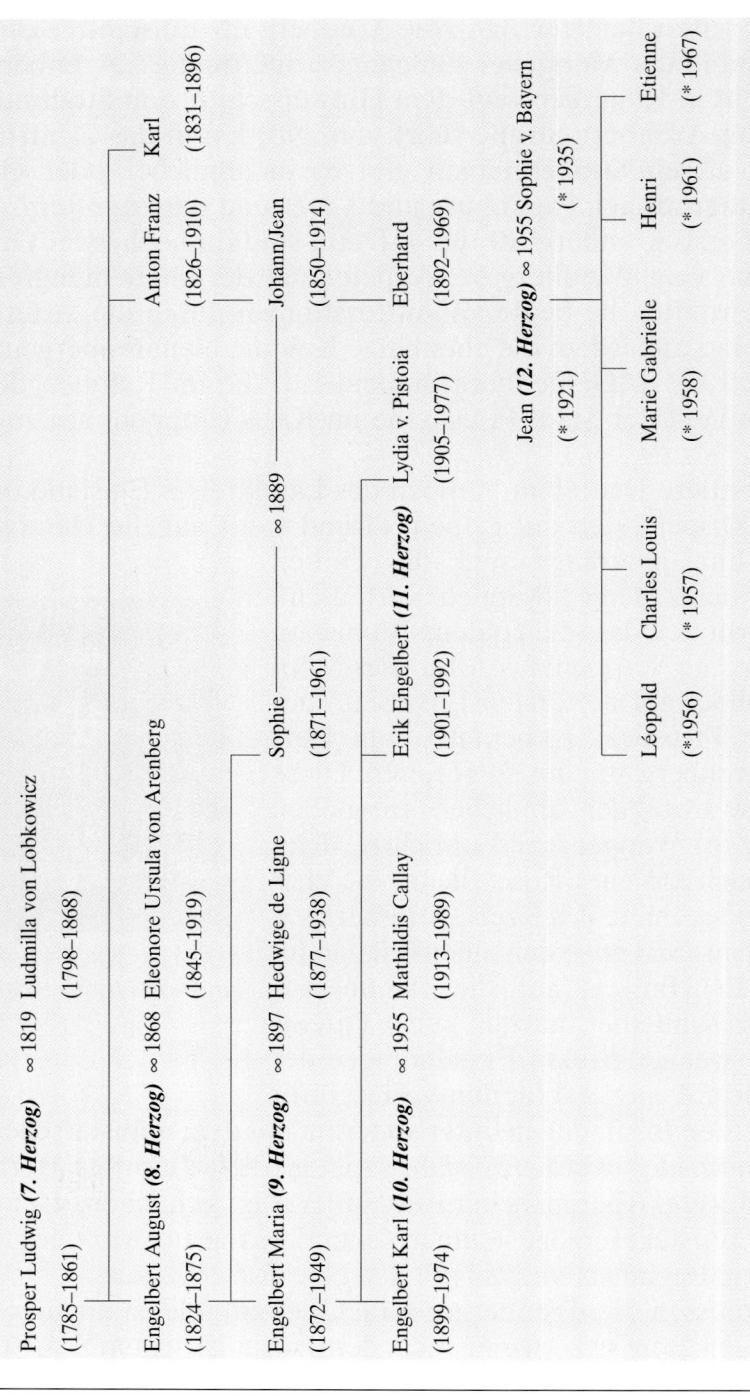

Prosper Ludwig (**7. Herzog**) ∞ 1819 Ludmilla von Lobkowicz
(1785–1861) (1798–1868)

Engelbert August (**8. Herzog**) ∞ 1868 Eleonore Ursula von Arenberg
(1824–1875) (1845–1919)

Anton Franz — Karl
(1826–1910) (1831–1896)

Engelbert Maria (**9. Herzog**) ∞ 1897 Hedwige de Ligne
(1872–1949) (1877–1938)

Sophie ∞ 1889 Johann/Jean
(1871–1961) (1850–1914)

Engelbert Karl (**10. Herzog**) ∞ 1955 Mathildis Callay
(1899–1974) (1913–1989)

Erik Engelbert (**11. Herzog**) ∞ Lydia v. Pistoia   Eberhard
(1901–1992)   (1905–1977)   (1892–1969)

Jean (**12. Herzog**) ∞ 1955 Sophie v. Bayern
(*1921) (*1935)

Léopold	Charles Louis	Marie Gabrielle	Henri	Etienne
(*1956)	(*1957)	(*1958)	(*1961)	(*1967)

Quellen: Die Arenberger in Westfalen und im Emsland, Koblenz 1990, S. 6, Genealogisches Handbuch des Adels, Bd. 114, Limburg 1997, S. 109–122, und im Internet: www.pages.prodigy.net/ptheroff/gotha/arenberg.html. In diese Übersicht sind lediglich die im Text erwähnten Familienmitglieder aufgenommen, auch wenn weitere Geschwister existieren. Ebenso gebräuchlich wie die deutsche Schreibweise war in vielen Fällen die französische, etwa Prosper Louis, Engelbert Auguste, Engelbert Marie und Engelbert Charles.

Bernt Engelmann glaubt, der mehrere Bücher über die reichsten Deutschen geschrieben hat. Darin reiht er die Herzöge und Prinzen von Arenberg unter die größten privaten Grundbesitzer in der Bundesrepublik ein: Sie zählten „ohne Zweifel, wie seit eh und je, zur Geld- und Machtelite Westdeutschlands" und verfügten zudem über umfangreiche Immobilienbestände und Aktienpakete in Belgien, Luxemburg, Frankreich und Lateinamerika. Den arenbergischen Grundbesitz in Deutschland, „über deren tatsächlichen Umfang dichte Schleier gebreitet werden", bezifferte der Autor auf „noch immer mindestens 30 000 Hektar, so daß wir die Herzöge von Arenberg getrost zu den DM-Milliardären rechnen können".[2] Belege liefert Engelmann in seinen Werken, die im klassenkämpferischen Ton verfasst sind, leider nicht.

Wertvolle Dienste kann bei Recherchen mittlerweile das Internet leisten, und wer der Suchmaschine „Google.de" das Wort „Arenberg" vorsetzt, dem beschert sie hunderte von Treffern. Da finden sich etwa das Arenbergische Forstamt Eifel in Schleiden, die Forstverwaltung der Arenberg-Nordkirchen GmbH und Informationen über die Restaurierung des Arenberg-Parks im belgischen Edingen/Enghien. Aufschlussreich sind mehrere Stammtafeln, die Einblick geben in die Weltläufigkeit der Familie: Als Geburts- oder Sterbeorte arenbergischer Prinzen und Prinzessinnen erscheinen Paris, London, Brüssel, Den Haag und Wien. Florenz, Genf und Lausanne sind ebenfalls dabei, häufig Schloss Heverlee bei Löwen, außerdem Monte Carlo in Monaco, Rio de Janeiro und sogar das exklusive, luxuriöse Seebad Punta del Este in Uruguay.[3]

Auch eine Arenberg-Stiftung ist im World Wide Web verzeichnet. Die Verwaltung wurde dem Stifterverband für die Deutsche Wissenschaft in Essen-Heidhausen übertragen.[4] Dort ist zu erfahren, dass der in Lausanne lebende Herzog Jean-Engelbert von Arenberg die gemeinnützige Stiftung am 29. Januar 1981 gegründet hat. Stiftungsvorsitzender ist dessen Sohn, Prinz Léopold. Dessen jüngerer Bruder Prinz Etienne gehört ebenfalls dem Vorstand an.[5] Laut Stiftungszweck soll sich die Förderung „auf solche Vorhaben erstrecken, die sich mit der historischen Rolle der Familie Arenberg in der allgemeinen Geschichte und der Kunst- und Kulturgeschichte befassen". Archivstudien werden unterstützt und Stipendien an Nachwuchswissenschaftler vergeben. Das jährliche Fördervolumen beläuft sich auf 12 500 bis 25 000 Euro.

Alle zwei Jahre wird ein zweifacher Preis „Herzog von Arenberg" verliehen, einer davon für ein Werk, „das für einen großen Leserkreis bestimmt ist und hauptsächlich die Geschichte des Raumes zwischen Schelde und Rhein (Maas, Ardennen, Eifel) zum Gegenstand hat". Der zweite Preis ist einer wissenschaftlichen Forschungsarbeit mit lokalem Charakter gewidmet, die vorwiegend auf Quellen aus den Arenberg-Archiven beruht. Gefördert hat die Stiftung unter anderem die Drucklegung der Buchreihe „Die Arenberger. Geschichte einer europäischen Dynastie", die sich im zweiten Band von 1990 auch dem Emsland widmet.[6] Die Stiftung hat also auch mit unserer Region zu tun, jedoch offenbar eher am Rande.

Am vielversprechendsten ist im Internet der Hinweis auf die Arenberg-Meppen GmbH: Sie soll, so hört man, mit ihrem Waldbestand und ihren verpachteten landwirtschaftlichen Flächen noch immer zu den größten Grundbesitzern im Emsland gehören, so dass umgangssprachlich oft gesagt wird: „Das ist Arenberg." Auch von einer oder mehreren Stiftungen ist die Rede. Und es heißt, Mitglieder der Familie Arenberg würden weiterhin im Hintergrund die Fäden ziehen, aber bewusst in der Anonymität bleiben wollen. Wie sich bei den Nachforschungen herausstellt, stimmen diese Gerüchte so nicht, jedenfalls nicht in dieser Form – aber davon später mehr.
Die Arenberg-Meppen GmbH, so lässt sich den Akten im Osnabrücker Staatsarchiv entnehmen, könnte am 10. April 2003 Jubiläum feiern, sie besteht dann 75 Jahre.[7] Um ihr heutiges Wirken zu verstehen, muss man länger ausholen und einen Blick auf die Entwicklung dieses Unternehmens werfen. Direkter Vorgänger war die Herzogliche Arenbergische Hof- und Rentkammer, 1903 vom Herzog zur Verwaltung seines umfangreichen Vermögens im Deutschen Reich gegründet. Sie beaufsichtigte auch die Domänenrentei Meppen und die Oberförsterei Clemenswerth und nahm 1904 ihren Sitz in Düsseldorf.
Die zentralen Entscheidungen fällte zu dieser Zeit ein Enkel Herzog Prosper Ludwigs, der neunte Herzog der Familie, Engelbert Maria (1872–1949) – auch Engelbert Marie genannt –, der 1903 Schloss Nordkirchen im Münsterland erwarb. Er war ein politisch aktiver Adeliger: Von 1909 bis 1912 gehörte der Herzog dem Reichstag als Zentrumsabgeordneter für den Wahlkreis Lüdinghausen-Warendorf-Beckum an; er unterhielt vermutlich deswegen noch eine Wohnung in Berlin. Von 1903 bis 1918 war der Herzog erbliches Mitglied des Preußischen Herrenhauses und von 1917 bis 1919 Mitglied im Westfälischen Provinziallandtag.

Herzog Engelbert Marie von Arenberg (1872 –1949) und Gemahlin waren Gastgeber der denkwürdigen Saujagd im Eleonorenwald bei Vrees 1912: Gäste waren unter anderen die Prinzen Eitel Friedrich und Adalbert von Preußen und Prinz Conrad von Bayern

Nach Angaben Engelmanns war er im Jahr 1913 „der mit Abstand reichste Grundbesitzer Westfalens", der ein geschätztes Vermögen von 63 Millionen Goldmark versteuert habe. Außerdem sei der Herzog einer der engsten Freunde Kaiser Wilhelms II. gewesen, der sich häufig zur Jagd bei ihm eingefunden habe.[8] Engelbert Maria von Arenberg verwaltete den Grund- und Industriebesitz der Familie, darunter mehrere Bergwerke, und war Stifter zahlreicher sozialer Einrichtungen.[9] Am 15. Juli 1919 beschloss der Magistrat der Stadt Meppen einstimmig und ohne Debatte, ihm das Ehrenbürgerrecht zu verleihen. „Es spiegelt sich in der verliehenen Auszeichnung die dankbare Gesinnung eines treudeutschen Volkes wider, das trotz der veränderten Zeitverhältnisse seinem grossen Wohltäter in aufrichtiger Liebe und Verehrung zugetan ist", heißt es in einer Notiz der Stadt, die anlässlich der Überreichung des Ehrenbürgerbriefes am 26. Juli 1920 in Düsseldorf an mehrere Zeitungen geschickt wurde.[10] 1927 wurde der Herzog auch zum Ehrenbürger der Stadt Recklinghausen ernannt.

Im Rahmen des Familien-Fideikommisses[11] konnten die Arenberger ihr Grundvermögen bis zum Ende des Ersten Weltkriegs noch ungeteilt zusammenhalten. Dann endete die Zeit der Adelsherrschaft: Die Weimarer Reichsverfassung sah in Artikel 155 die Auflösung der Fideikommisse in Deutschland vor, das Preußische Gesetz vom 23. Juni 1920 bestimmte, dass Adelsfamilien ihr Hausvermögen bis zum 1. April 1923 auflösen müssten, sonst werde es zwangsaufgelöst. Erbteilung konnte nun nicht mehr ausgeschlossen werden.

Das Haus Arenberg hob mit Familienbeschluss vom 23. Februar 1923 sein Fideikommiss auf; ein entsprechender Vermerk im Grundbuch wurde gelöscht.[12] Ende der 1920er und Anfang der 1930er Jahre teilte Herzog Engelbert Maria – er hatte Deutschland inzwischen verlassen und einen Wohnsitz in Mailand[13] – die Ländereien in Eifel, Rheinland, Westfalen und Emsland in fünf Gesellschaften mit beschränkter Haftung auf: Arenberg-Düsseldorf GmbH, Arenberg-Meppen GmbH, Arenberg-Nordkirchen GmbH, Arenberg-Recklinghausen GmbH und Arenberg-Schleiden GmbH.[14] Die Geschäftsführung ging nun von der Hof- und Rentkammer an die Geschäftsführer der Familien- und Kapitalgesellschaften über.

So entstand 1928 für den Besitz im Bezirk der Domänenrentei Meppen die Arenberg-Meppen Grundbesitzverwaltung GmbH. Der Firmensitz war in Clemenswerth bei Sögel, die Geschäftsstelle jedoch auf Schloss Nordkirchen. Als Gesellschafter amtierten Erbprinz Engelbert Karl (1899–1974) mit einer Stammeinlage von 151 000 Reichsmark und einer entsprechenden Beteiligung von 50,33 Prozent am Stammkapital und sein jüngerer Bruder Prinz Erik Engelbert (1901–1992) mit 149 000 Mark Stammeinlage und 49,67 Prozent Beteiligung.[15] Sie standen in starker Abhängigkeit von ihrem Vater Herzog Engelbert Maria. Der trat zwar nicht der Gesellschaft bei, übereignete aber den Grundbesitz – insgesamt rund 4 853 Hektar – der Gesellschaft. Dafür musste ihm eine Vergütung geleistet werden, so dass er ein Gläubiger seiner Söhne war. Ein Jahr später brachten die beiden Gesellschafter auch die Schutzforsten Clemenswerth und Meppen, mit 7 644 Hektar ein wesentlicher Teil der übrigen Besitzungen, in die Arenberg-Meppen GmbH ein.[16]

Herzog Engelbert Maria verpachtete den Grundbesitz in den Bezirken Nordkirchen und Recklinghausen zunächst an die Arenberg-Meppen GmbH, deren Verwaltung ohnehin im Schloss Nordkirchen saß. Einige Jahre später, am 30. Oktober 1933, schloss der Herzog mit seinen Söh-

Ein Geschenk der herzoglichen Familie an Clemenswerth: die Bronzegruppe des zehnjährigen Prinzen Engelbert Karl von Arenberg (1899–1974) mit seiner Dogge Mirto, eine Arbeit des westfälischen Bildhauers Hermann Hidding aus dem Jahre 1909, heute aufgestellt im Klostergarten des Schlosses

nen vor dem amtsansässigen Notar, „der sich auf Ersuchen in das Hotel ‚Der Kaiserhof' zu Berlin begeben hatte", wie es in den Akten heißt, folgenden Vertrag: Er verkaufte die Nordkirchener Liegenschaften für 2 705 000 Reichsmark an seine beiden Söhne, und zwar an den älteren zu 90 Prozent, an den jüngeren zu zehn Prozent. Der Kaufpreis wurde ihnen gestundet. Den Grundbesitz – er blieb weiter der Arenberg-Meppen GmbH verpachtet – brachten Erbprinz Engelbert Karl und Prinz Erik in eine gleichzeitig gegründete Arenberg-Nordkirchen Grundbesitzverwaltung GmbH ein.[17] Faktisch unterstanden der Arenberg-Meppen GmbH Aufsicht und Verwaltung der Renteien Meppen, Nordkirchen und Recklinghausen.

Fünf Jahre später, im Juli 1938, vereinbarte Herzog Engelbert Maria mit der Arenberg Meppen GmbH, deren Geschäftsführer zu dieser Zeit sein ältester Sohn Erbprinz Engelbert Karl war, dem Unternehmen die Ausübung des ihm zustehenden Nießbrauchs zu übertragen. Dafür sollte er eine Entschädigung von jährlich immerhin 62 000 RM erhalten – also eine recht stattliche Pension vom 66. Lebensjahr an. Generell wollte Herzog Engelbert Maria bei der Konstruktion der Verträge erreichen, wenn er schon eine Erbteilung an sich nicht verhindern konnte, dass die Aufspaltung des Grundvermögens in geordneten Bahnen verlief.[18] Jeweils nur einer der beiden Brüder erhielt die Mehrheit der Gesellschaft und war Geschäftsführer, der andere war mit einem geringeren Geschäftsanteil ausgestattet.

1948 beschloss die Gesellschafterversammlung der Arenberg-Meppen GmbH, ihren Firmensitz von Clemenswerth nach Nordkirchen zu verlegen. Die Aufgliederung Westdeutschlands in die neuen Bundesländer Niedersachsen und Nordrhein-Westfalen hätte dazu geführt, dass die Steuerangelegenheiten anders als bei den übrigen Arenberger GmbH von Hannover und nicht mehr von Düsseldorf bearbeitet worden wären. Dies sollte verhindert werden. Ein Jahr nach dem Beschluss wurde der Wechsel vollzogen.[19]

Als Herzog Engelbert Maria am 15. Januar 1949 nach kurzer Krankheit in Lausanne starb, erlosch das Nießbrauchrecht an der Arenberg-Nordkirchen GmbH, und die Gesellschaft verpachtete den Grundbesitz an die Arenberg-Meppen GmbH.[20] 1954, fünf Jahre nach dem Tod des Herzogs, verselbständigten sich die Grundbesitzverwaltungen der Arenberg-Meppen GmbH sowie der Arenberg-Nordkirchen GmbH und der Arenberg-Recklinghausen GmbH. Die beiden letztgenannten Unternehmen kündigten den Pachtvertrag mit der Arenberg-Meppen GmbH.[21] Damit sollte eine steuerliche Klarheit und eine vereinfachte, übersichtliche Verwaltung der einzelnen Gesellschaften geschaffen werden; auch wollte die Geschäftsführung möglichen späteren Erbauseinandersetzungen vorbeugen. Bis dahin waren alle Mitarbeiter bei der Arenberg-Meppen GmbH tätig; nun wurden Angestellte, die für mehrere Forstverwaltungen gearbeitet hatten, einem bestimmten Betrieb zugeordnet, ebenso die Gebäude. Zu diesem Zeitpunkt sahen die Beteiligungsverhältnisse wie folgt aus:

Name der GmbH	Gesellschafter		
	Herzog Engelbert Karl	Herzog Erik	Herzogin Lydia v. Pistoia
A.-Meppen	50,25 Prozent	49,75 Prozent	–
A.-Nordkirchen	90 Prozent	10 Prozent	–
A.-Recklinghausen	40 Prozent	30 Prozent	30 Prozent

Quelle: Staatsarchiv Osnabrück, Dep 62 c, Akz. 29/91 Nr. 733, 749, 1045. Prinzessin Lydia von Pistoia (1905–1977), geborene Herzogin von Arenberg, war eine Tochter von Herzog Engelbert Maria von Arenberg. Sie war verheiratet mit Philibert Prinz von Savoyen und Herzog von Genua.[22]

Doch bevor die weitere Entwicklung in den jüngsten Jahrzehnten beschrieben wird, ist nun endlich ein Ortstermin bei der Arenberg-Meppen GmbH fällig. Wie erwähnt, wurde der Betrieb seit 1928 von Nordkirchen aus verwaltet. Mitte der 1960er Jahre verlegte die Arenberg-Meppen GmbH zusammen mit dem Schwesterunternehmen Arenberg-Nordkirchen GmbH ihren Sitz nach Meppen. Leitender Geschäftsführer der beiden eigenständigen Betriebe ist Forstdirektor Winfried Frölich. Die Privatforst- und Grundbesitzverwaltung arbeitet an der Haselünner Straße 17, in einem Altbau. Das Haus wurde 1914 als Oberförsterei gebaut; vor der heutigen Nutzung waren in dem Gebäude die Dienstwohnung des Rentmeisters und die Renteiverwaltung untergebracht.

Die Arenberg-Meppen GmbH mit der Verwaltung in Meppen und den vier Forstdienstbezirken Meyerei (mit der Revierleitung in Kluse), Clemenswerth (Spahnharrenstätte), Eleonorenwald (Vrees) und Engelbertswald (mit der Revierleitung in Lingen) zählt heute etwa 20 Mitarbeiter und verwaltet nach Frölichs Angaben 8146 Hektar Forstflächen, davon 7291 im Emsland, der Rest in den angrenzenden Landkreisen Grafschaft Bentheim und Cloppenburg. Im Emsland entspricht der Anteil nicht ganz einem Sechstel aller Waldflächen im Landkreis.[23] Dazu kommen noch 784 Hektar weiterer Grundbesitz, davon 382 Hektar im Großraum Emsland und 402 Hektar in der Lüneburger Heide, im Landkreis Diepholz und dem schleswig-holsteinischen Kreis Rendsburg-Eckernförde.[24] Wie ein Flickenteppich ist der Wald über das Emsland verteilt, allerdings – historisch bedingt – mit dem Schwerpunkt in den früheren Kreisen Aschendorf-Hümmling und Meppen, also dem ehemaligen Herzogtum Arenberg-Meppen. Mit einem Gesamtbesitz

Das Domizil der Arenberg-Meppen GmbH an der Haselünner Straße in Meppen, 1914 als Oberförsterei erbaut und später Renteiverwaltung

von 8 930 Hektar ist die Arenberg-Meppen GmbH nach Mitteilung Frölichs der Fläche nach die größte private Grundbesitzerin in Niedersachsen.[25]

Manche Wälder im Bestand des Unternehmens tragen Vornamen einstiger Arenberger, so der Eleonorenwald in Vrees, benannt nach Prinzessin und Herzogin Eleonore Ursula (1845–1919), eines der größten zusammenhängenden Waldgebiete in der Region.[26] Auch der Engelbertswald in Geeste, benannt nach dem achten Herzog Engelbert August (1824–1875), erinnert an das Haus Arenberg. Einst bildete das Waldgebiet einen eigenen Gutsbezirk – mit nur einem Haus und einer Familie! –, der in den 1920er und 1930er Jahren auf die Gemeinden Klosterholte, Bückelte und Bramhar aufgeteilt wurde und nach der Kommunalreform heute zur Gemeinde Geeste gehört.[27] Dann gibt es noch den Hedwigenwald in der Samtgemeinde Sögel, der von Herzog

Windbruchpartie in einem arenbergischen Nadelholzwald nach dem Orkan vom 13. November 1972. Nach der Aufarbeitung des Sturmholzes ist bereits die neue Pflanzung ausgebracht

Engelbert Marias Frau, Prinzessin Hedwige von Arenberg, geborene Ligne (1877–1938), seinen Namen hat. Sie pflanzte am 16. Juli 1903 eine Baumgruppe, woran der Hedwigenstein östlich des Windbergs bei Werpeloh erinnert. Ebenso zählte zum Familienbesitz der inzwischen verkaufte Karlswald bei Apeldorn, benannt nach Prinz Karl (1831–1896), einem Bruder von Herzog Engelbert August, der für Herzog Engelbert Maria die Geschäfte führte, als dieser noch minderjährig war.[28]

Hart traf den Forstbetrieb Arenberg-Meppen der Orkan vom 13. November 1972: Innerhalb von zwei Stunden wurden rund 550 000 Festmeter Holz umgeworfen, so dass sich der Altbestand drastisch verringerte.[29] Für die Aufräumarbeiten am Eleonorenwald wurden etwa 100 jugoslawische Arbeiter eingesetzt, und mit riesigen Spezialmaschinen räumten schwedische Unternehmer das Holz ab.[30] Über den Hafen Papenburg wurde das Schichtholz nach Skandinavien und Schottland

exportiert. Das Unglück bot zugleich die Chance, bei der Aufbauarbeit von einer Monokultur wegzukommen – von der ertragsschwachen, anspruchslosen Kiefer. Bestand der Wald im 19. Jahrhundert zu knapp 90 Prozent aus Kiefern, ist der Anteil auf derzeit rund 40 Prozent gesunken. Um flexibel auf die Nachfrage am Holzmarkt reagieren zu können, pflanzen die Mitarbeiter der Arenberg-Meppen GmbH bei der Wiederaufforstung viele verschiedene Baumarten an, vor allem Douglasien, Küstentannen, Buchen, Eichen und Weymouthskiefern, außerdem Stroben, die für die Gewinnung von Schmuckreisig genutzt werden.[31]
Ein Großteil des Holzes wird in Betrieben im Emsland und angrenzenden Regionen verarbeitet, so dass keine weiten Transporte nötig sind. Die Erträge aus der Forstwirtschaft sind nach Mitteilung Frölichs jedoch relativ gering. Besser sehe es bei den Verpachtungen der landwirtschaftlichen Flächen und bei der Erbpacht aus. Günstiger seien im Übrigen die Betriebsergebnisse bei der an Fläche kleineren Arenberg-Nordkirchen GmbH mit ihren Liegenschaften im Münsterland, weil dort der Waldanteil am Gesamtbesitz von 2 657 Hektar mit 1 146 Hektar nur bei 43 Prozent liege.[32] Für die Arenberg-Meppen GmbH ist eine

Bei dem Jahrhundert-Orkan 1972 wurden innerhalb von zwei Stunden rund 550 000 Festmeter Holz zu Boden geworfen, das in jahrelanger Arbeit und mit modernem Gerät, zum Teil mit Spezialmaschinen (links), aus den Wäldern geräumt wurde

weitere wichtige Einnahmequelle die Jagd: In den 1960er Jahren begann die Verpachtung, unter anderem an den ehemaligen Staatssekretär im Verteidigungsministerium unter Franz-Josef Strauß, Dr. Josef Rust, und an die Inhaber der Textilkaufhaus-Kette „C&A", Familie Brenninkmeyer.[33] Heute sind die Forsten vor allem an Einheimische verpachtet.

Fragt man, wem die Gewinne zugute kommen und wer der oder die Vorgesetzten des Leitenden Geschäftsführers Winfried Frölich und des kaufmännischen Geschäftsführers Alois Heumann sind, so ist zunächst wieder eine Rückblende in die Vergangenheit hilfreich: zurück zu Herzog Engelbert Karl, nach dem Zweiten Weltkrieg Engelbert Charles genannt. Er lebte bis etwa 1944/45 im westfälischen Nordkirchen und war anfangs selbst Geschäftsführer der Arenberg-Nordkirchen GmbH und der Arenberg-Meppen GmbH. In den 1940er Jahren ging die Geschäftsführung auf Max Graf von Galen über, und der Herzog selbst zog in den Nachkriegsjahren zunächst nach Belgien und Frankreich.[34] Seit etwa 1950 wohnte er im Steuerparadies Monte Carlo in Monaco. Der einst größte private Waldbesitzer im Emsland residierte also über

Herzog Engelbert Karl auf einer Inspektionsfahrt in seinen Wäldern auf dem Hümmling. Der Gastwirt des größten Sögeler Hotels unterhielt dafür extra ein Vierergespann mit Kutsche

Jahrzehnte an der Cote d'Azur, und zwar in der Villa „Encar". Das war die für ihn übliche Kurzbezeichnung, als Abkürzung für **En**gelbert **C**harles von **Ar**enberg.[35]
Durch Tausch von Geschäftsanteilen mit seinem Bruder Erik Engelbert war Herzog Engelbert Charles am 20. Juli 1957 Alleingesellschafter der Arenberg-Meppen GmbH geworden.[36] Die Erträge aus dem laufenden Betrieb lassen sich nicht mehr ermitteln. Geschäftsführer Frölich beteuert jedoch, dass Angaben aus dem Protokoll der Gesellschafterversammlung von 1968 in keiner Weise mit der heutigen Finanzkraft übereinstimmten, denn gegenwärtig würden in manchen Jahren überhaupt keine Dividenden ausgeschüttet, weil keine Gewinne angefallen seien oder sogar Verluste aus laufenden oder Vorjahren ausgeglichen werden müssten.[37] In dem genannten Jahr jedenfalls erhielt der Herzog 700 000 Mark.[38] Außerdem hatte er 1967 ein Darlehen von sieben Millionen Mark an das Unternehmen gekündigt. Die Arenberg-Meppen GmbH nahm zur Rückzahlung einen Kredit bei der Union de Banque Suisses in Lugano auf; zur Sicherung dieses Darlehens verpfändete das Unter-

nehmen GmbH ihr gesamtes Wertpapierdepot mit einem Kurswert in gleicher Höhe.

Immerhin 45 Jahre lang war Herzog Engelbert Charles Gesellschafter der Arenberg-Meppen GmbH gewesen, als er am 27. April 1974 in Monte Carlo starb. Bei seinem Tod hinterließ er keine direkten Nachkommen, denn seine beiden Ehen waren kinderlos geblieben. Erbin der Geschäftsanteile wurde nun seine zweite Frau Mathildis von Arenberg, geborene Callay. Die Witwe hatte zwar aus ihrer ersten Ehe eine Tochter, verwirklichte jedoch den Wunsch ihres verstorbenen Mannes und gründete am 20. Oktober 1976 eine Stiftung aus den Geschäftsanteilen. Diese privatrechtliche, gemeinnützige Stiftung mit der heutigen Bezeichnung „Herzog Engelbert Charles von Arenberg und Herzogin Mathildis von Arenberg"-Stiftung mit Sitz in Düsseldorf übernahm zunächst zehn Prozent der Geschäftsanteile der Arenberg-Meppen GmbH und der Arenberg-Nordkirchen GmbH, die jeweils übrigen 90 Prozent gehörten weiterhin der Herzogin.[39]

Obwohl die Herzogin im fernen Monaco lebte, besaß sie übrigens noch das Patronatsrecht über mehrere katholische Kirchengemeinden im Emsland. Es bedeutete unter anderem, dass die Diözese Osnabrück auf das Einverständnis bei der Ernennung eines Pfarrers angewiesen war. Bei den Gemeinden Aschendorf, Bokeloh, Haren-Wesuwe, Lathen, Meppen-Sankt Vitus, Sögel und Werlte bestand meist über Jahrhunderte ein Patronat des Klosters Corvey, das 1803 mit der Säkularisation endete und zwei Jahre später auf die Arenberger überging.[40] Sie erhielten im 19. Jahrhundert auch das Patronatsrecht über die Gehlenberger Gemeinde Sankt Prosper, die von 1809 bis 1939 Neuarenberg hieß. Im Hinblick auf die Besetzung der Pfarrstellen in Lathen und Bokeloh existieren entsprechende Briefwechsel noch aus den Jahren 1967 und 1968. In den Schreiben bittet der Osnabrücker Bischof Helmut Hermann Wittler den Herzog von Arenberg bei einem Personalvorschlag „ergebenst, sich mit dieser Auswahl einverstanden erklären zu wollen", was dann auch anstandslos geschah.[41] Erst am 23. April 1980 verzichtete Herzogin Mathilde auf dieses Patronatsrecht, das am Schluss lediglich formaljuristischen Charakter hatte. Als Gegenleistung wurde mit der Diözese Osnabrück vereinbart, in den oben genannten acht Pfarreien 30 Jahre lang jeweils am Todestag von Herzog Engelbert Karl, dem 27. April, eine Heilige Messe „nach vorhergehender ortsüblicher Verkündigung" zu feiern.[42]

Nach dem Tod der Herzogin am 10. März 1989 gingen sämtliche Beteiligungen an die Stiftung über, der seitdem alle Gewinne der Arenberg-Meppen GmbH zugute kommen.[43] Laut Satzung verfolgt diese „Herzog Engelbert Charles von Arenberg und Herzogin Mathildis von Arenberg"-Stiftung vier Stiftungszwecke: die Unterstützung von bedürftigen alten Menschen, von Waisenkindern und von körperlich oder geistig behinderten Kindern sowie die Hilfe für vom Aussterben bedrohte Tierarten in Europa. In der Praxis aber fließen die Gelder vorerst vor allem nach Ostdeutschland, wo konfessionelle Kindergärten einmalige Zahlungen erhalten und sich über Fördermittel für eine neue Heizung, renovierte Fußböden und andere Umbaumaßnahmen freuen können.[44]
Den Vorstandsmitgliedern der Stiftung sind die Geschäftsführer der Arenberg-Meppen GmbH verpflichtet. Ihnen müssen sie die jährliche Bilanz vorlegen, von ihnen müssen sie wesentliche Entscheidungen im Betrieb wie die Einstellung von Personal oder den Verkauf von Grundstücken genehmigen lassen. Die bis in die Mitte der sechziger Jahre gültige Satzung des Unternehmens sah einen Aufsichtsrat vor, wobei die Namen der Mitglieder nicht veröffentlicht und auch nicht bei Gericht angemeldet werden mussten.[45] Einen Aufsichtsrat hat die GmbH derzeit nicht mehr, jedoch existierte von Mitte 1989 an ein Beirat. Dessen einziges Mitglied war bis September 2000 der langjährige frühere Geschäftsführer der Arenberg-Meppen GmbH, Heinz Blankenspeck, der seinem Nachfolger mit Fachkenntnissen zur Seite stand.
Der Stiftungsvorstand zählte ursprünglich drei Mitglieder. Darunter war der Düsseldorfer Wirtschaftsprüfer Dr. Klaus Köcke, über Jahrzehnte ein Berater und enger Vertrauter des Herzogs und der Herzogin. Nach seinem Tod hat sich diese Zahl auf zwei reduziert. Sie wollten nicht gern öffentlich in Erscheinung treten, um von Begehrlichkeiten nach Stiftungsgeldern verschont zu bleiben, erklärt Geschäftsführer Frölich. Insofern sind also Gerüchte über die Anonymität richtig. Frölich kann lediglich verraten, dass die ehrenamtlich tätigen Vorstandsmitglieder aus dem Raum Düsseldorf stammen und keine Nachfahren der Herzöge von Arenberg sind.
Doch die Neugier des Journalisten ist nicht gestillt, und ein Fund im Internet führt bei der Spurensuche weiter: Eine Schule für Behinderte in Berlin dankt auf ihrer Homepage der „Herzog Engelbert Charles von Arenberg und Herzogin Mathildis von Arenberg"-Stiftung für die großzügige Unterstützung bei der Anschaffung eines Schulbusses. Auf

Nachfrage ist die Schulleiterin bereit, die Anschrift der Stiftung weiterzugeben. Es handelt sich um eine Postfachadresse im rheinischen Meerbusch, es gibt auch eine Ansprechpartnerin. Sie meldet sich einige Tage später, nachdem sie einen Brief mit Fragen zur Stiftung erhalten hat, am Telefon.[46] Namentlich möchte die Vorstandsvorsitzende U. S. hier nicht genannt werden, um nicht mit Anträgen an die Stiftung überschüttet zu werden. Die Diplom-Volkswirtin ist über den befreundeten Dr. Köcke an die Stiftung gelangt. Außer ihr gehört der Düsseldorfer Rechtsanwalt, Wirtschaftsprüfer und Steuerberater K. S. mit einer Kanzlei an der renommierten Königsallee dem Vorstand an.

Den Beschluss zur vorrangigen Unterstützung konfessioneller Kindergärten und Behinderten-Einrichtungen in den neuen Bundesländern habe der Stiftungsvorstand auf seiner ersten Sitzung 1990 getroffen, berichtet Frau S. Die Förderung erschien dringlich, zumal sich viele Kommunen in Ostdeutschland aus der Trägerschaft zurückzogen und evangelische oder katholische Kindergärten oder Kindertagesstätten zu DDR-Zeiten keinerlei staatliche Hilfe erhalten hätten. Während der Stiftungsvorstand direkt nach der Wende noch Kontakt mit Diakonie und Caritas aufnahm, um an Adressen bedürftiger Einrichtungen zu kommen, werden die Informationen jetzt über Mund-zu-Mund-Propaganda weitergereicht; es ist ein Selbstläufer geworden. Aus den Erträgen der Arenberg-Meppen GmbH und der Arenberg-Nordkirchen GmbH vergibt die Stiftung Fördermittel mit einem Volumen von bis zu 250 000 Euro pro Jahr, sofern die Erträge aus dem Forstbetrieb diese Summe zulassen. Insgesamt 75 Projekte seien somit bisher gefördert worden, darunter ausnahmsweise auch einige Einrichtungen im Raum Meppen.

Die soziale Tätigkeit entspreche der christlichen Tradition des katholisch geprägten Hauses Arenberg, erklärt die Vorstandsvorsitzende. Sie verweist auf das Krankenhaus Ludmillenstift in Meppen – übrigens wie der Ludmillenhof in Sögel benannt nach Herzog Prosper Ludwigs Frau Prinzessin Ludmilla, geborene von Lobkowicz (1824–1875) – und das Prosper Hospital in Recklinghausen, die von den Arenbergern, wie auch viele Alteneinrichtungen, unterstützt worden seien.

Doch mit Angehörigen der Adelsfamilie von Arenberg hat der Stiftungsvorstand der Arenberg-Meppen GmbH keinerlei Verbindungen mehr – einmal abgesehen von Gesprächen, die während der Auseinandersetzungen um den Verkauf des Parkwaldes bei Clemenswerth geführt wurden.[47] Und Forstdirektor Frölich, seit Juli 1989 Geschäftsführer der Arenberg Meppen GmbH, hat in seiner Amtszeit noch nie mit dem Haus Arenberg zu tun gehabt, ebenso wenig übrigens mit seinen Kollegen von der Arenbergischen Forstverwaltung in der Eifel. Wenn also Emsländer beim Gang in den Wald sagen: „Wir gehen in den Herzog", ist das nicht ganz richtig. Denn auch wenn die Arenberg-Meppen GmbH die Pflege und Entwicklung der Privatforsten in der Tradition der 200jährigen Waldwirtschaft des Adelshauses fortführt und das Arenbergische Wappen mit den drei gelben Mispelblüten im Dreieck auf rotem Grund in ihrem Firmen-Logo erscheint: Irgendwelchen Besitz hat ein Herzog im Emsland inzwischen nicht mehr – das ist Vergangenheit.

Allmählich haben die Familienmitglieder auch ihre historischen Gebäude, die im Unterhalt kostspielig wurden, verlassen: Schloss Heverlee in Belgien beherbergt heute die Katholische Universität Löwen (Prinz Jean-Engelbert erhielt 1994 deren Ehrendoktorwürde), und der nicht weniger als 342 Hektar große Schlosspark der Arenberger in Enghien/Edingen südwestlich von Brüssel ist ebenfalls nicht mehr im Besitz der Familie.[48] Schloss Pesch am Niederrhein, 1848 vom Herzogshaus in Besitz genommen, ließ Prinz und Herzog Jean/Johann von Arenberg von 1910 bis 1914 auf den alten Fundamenten des Hauses vollständig neu errichten. Die Anlage diente als Jagdschloss und ist seit 1970 im Besitz verschiedener Eigentümer. Sie steht unter Denkmalschutz und wurde nach der Kernsanierung in den 1980er Jahren in mehr als ein Dutzend exklusive Eigentumswohnungen aufgeteilt.

Nordkirchen im Münsterland, heute oft „westfälisches Versailles" genannt, wurde 1903 erworben und befand sich 1949 in einem beklagenswerten Zustand, als das nordrhein-westfälische Finanzministerium einen Mietvertrag über den symbolischen Preis von einer Mark abschloss und dafür die Bauunterhaltung des teils baufälligen Schlosses übernahm. Nach mehrjährigen Verhandlungen kaufte schließlich 1958 das Land das Gebäude für 3,5 Millionen DM; zuvor hatten bereits die Umbauarbeiten begonnen. Ein ähnliches Schicksal erlebte Schloss Mickeln in Düsseldorf-Himmelgeist, von 1839 bis 1842 für Herzog Prosper Ludwig von Arenberg erbaut nach Plänen seines Bauinspektors, des Haselünner Architekten Josef Niehaus. Die letzten Bewohner zogen 1971 aus, das spätklassizistische Gebäude sollte sogar abgebrochen werden, der Schlosspark verwilderte. Schließlich stellten die Eigentümer, unter anderem die Arenberg-Schleiden GmbH und Rodrigue Marquis de Belzunce Prince d'Arenberg, Überlegungen zur Rettung des Baudenkmals an. Seit 1998 dient es als Gästehaus der Heinrich-Heine-Universität Düsseldorf. Der Prinz – er lebt in Uruguay und ist ein adoptierter Stiefsohn von Herzog Erik Engelbert – gewährte der Universität günstige Erbbaurechtsbedingungen, trat der Schloss-Mickeln-Stiftung mit einem sechsstelligen Betrag bei und wurde dafür am 4. Februar 2002 mit der Ehrensenatorwürde der Universität ausgezeichnet.[49]

Wie aus anderen Regionen, haben sich die Arenberger dementsprechend aus dem Emsland zurückgezogen. Nachdem sie sich in der Nachkriegszeit an umfangreichen Renovierungsarbeiten mit hohen Summen beteiligt hatten, verabschiedeten sie sich 1968 vom Schloss Clemenswerth. Die Arenberg-Meppen GmbH verkaufte es an den Landkreis Aschendorf-Hümmling; seit 1977 gehört es dem Landkreis Emsland. Haus Nienhaus in Aschendorf, 1832/33 für das herzoglich-arenbergische Amt Aschendorf errichtet, später zeitweise Sitz einer Revierförsterei, wird seit 1980 von den ADO-Gardinenwerken genutzt; die Arenbergische Rentei in Meppen ist seit 1990 Stadtmuseum.[50] Und schließlich brachen im Frühjahr 1989 – nach 186 Jahren –, wie erwähnt, die direkten Verbindungen nach dem Tod von Herzogin Mathildis endgültig ab.[51]

Bleibt noch die Frage, wie das Haus Arenberg selbst heute die Beziehungen zum Emsland sieht. Mitglieder der Adelsfamilie sind nicht im Telefonbuch zu finden, doch bei der Anschrift von Herzog Jean-Engelbert in Lausanne hilft wieder die Internet-Suchmaschine „Google.de" weiter. Außerdem kommt eine Mitarbeiterin beim Stifterverband der Deutschen Wissenschaft zu Hilfe: Eine Adresse darf sie zwar nicht herausgeben, aber sie leitet freundlicherweise einen Brief mit Fragen an Léopold von Arenberg, den Vorstandsvorsitzenden der Arenberg-Stiftung, weiter, verbunden mit dem Tipp für die jeweils passende Anrede an den Prinzen („Eurer Durchlaucht") und an Herzog Jean-Engelbert („Durchlauchtige Hoheit").

Der Herzog meldet sich nach der Rückkehr von einer Auslandsreise per Brief.[52] Er ist nach dem kinderlosen Ableben des letzten Mitglieds der Hauptlinie, dem elften Herzog Erik Engelbert, als dessen Neffe 1993 zum Chef des Hauses und damit zum zwölften Herzog von Arenberg geworden und, wie er schreibt, „als Solcher vom König der Belgier auch bestätigt". Neben dieser neuen belgischen Hauptlinie gebe es noch eine französische Linie; die deutsche sei ausgestorben, ebenso die österreichische. Herzog Jean-Engelbert, ein promovierter Jurist, wurde 1921 im niederländischen Den Haag geboren und arbeitete 30 Jahre als Bankpräsident in Belgien, außerdem war er Präsident einer englischen Versicherungsgesellschaft, ferner Verwaltungsrat einer Versicherung in Frankreich, Italien und den Niederlanden. Diese Funktionen hat er nach und nach aufgegeben, als die Familie vor 25 Jahren nach Lausanne zog.

„Da wir im Emsland nichts mehr besitzen, sind unsere Beziehungen dorthin sentimental", schreibt der gegenwärtige Herzog von Arenberg. Und er begründet diese Verbindungen mit seiner Geburt in Südholland, auf dem „platten Land". Deshalb finde er das Emsland „ganz besonders romantisch und schön". Weiter verweist er darauf, dass die nächsten Vorfahren – es handelt sich unter anderem um seine Großeltern Jean/Johann von Arenberg (1850–1914) und dessen Frau Sophie (1870–1961)[53] – „nach erzwungener Auflassung der Gruft in Clemenswerth" in Sögel beigesetzt sind. Im Übrigen bestünden über seine Frau, Prinzessin Sophie von Bayern (geboren 1935), verwandtschaftliche Verbindungen zum Haus Wittelsbach und somit zum Namensgeber von Schloss Clemenswerth, Kurfürst Clemens August von Bayern.

Prinz Léopold, Herzog Jean-Engelberts ältester Sohn, schickt ebenfalls ein Antwortschreiben, und zwar per E-mail.[54] Er lebt wie sein Vater sowie seine Brüder Heinrich und Etienne in der französischsprachigen Schweiz am Genfer See, während die Schwester Marie Gabrielle (de Boncourt) in Frankreich wohnt. Sein Bruder Charles-Louis war bis 2001 in Belgien „Chef de Cabinet" (vermutlich Abteilungsleiter oder Büroleiter) im Ministerium für Telekommunikation. Prinz Léopold, verheiratet mit Isabel-Juliana Gräfin zu Stolberg-Stolberg, hat nicht allein den ehrenamtlichen Vorsitz der deutschen Arenberg-Stiftung inne, sondern leitet zusätzlich eine entsprechende französische, eine belgische und eine niederländische Familienstiftung, die alle zur Förderung der Geschichte und Kultur geschaffen worden sind. In dieser Funktion hat der Prinz mit dem Archiv und Kulturzentrum Arenberg in Edingen/Enghien zu tun, das 1998 als Privateinrichtung der Familie gegründet wurde und die internationale wissenschaftliche Forschung zur

Geschichte dieses europäischen Adelshauses unterstützt.[55] Wie sein Vater sind auch heute mehrere Mitglieder des Hauses im Bankwesen tätig; der jüngste Bruder Etienne arbeitet bei einer Privatbank in Genf. Prinz Léopold selbst berät Investoren, die in US-amerikanische Immobilien investieren wollen; außerdem hilft er in seiner Freizeit seit mehr als zehn Jahren mit, die Logistik für ein besseres Gesundheitswesen im Tschad aufzubauen.

„Es besteht heute lediglich eine ‚historische' Beziehung zwischen dem Haus Arenberg und dem Emsland", räumt auch Prinz Léopold ein. Doch für ihn gebe es noch eine persönliche Bindung, weil seine Urgroßeltern in Sögel begraben seien. „Die Erinnerung an das Herzogtum Arenberg-Meppen bedeutet unsererseits, dass wir noch etwas für die Förderung dieser Arenbergischen Vergangenheit tun wollen, in Zusammenarbeit mit den Menschen, die in dieser Gegend leben", schreibt der Prinz weiter. Und er teilt mit, einer der Arenberg-Preise 2002 werde dem Osnabrücker Historiker Michael Schmidt verliehen, als Würdigung seiner Dissertation über Wirtschaft und Verkehr im Herzogtum Arenberg-Meppen 1815–1875.[56] Außerdem erwähnt der Prinz wie sein Vater, dass sich das Herzogshaus vor einigen Jahren über die Arenberg-Stiftung bereit erklärt habe, den Aufbau einer Ausstellung in einem Pavillon des Emslandmuseums Schloss Clemenswerth zu unterstützen. Auch ein Konzept wurde erstellt, doch leider sei bisher aus der Umsetzung der Pläne nichts geworden, „obwohl unsere Bereitschaft noch vorhanden ist".[57] Und generell beantwortet Prinz Léopold die Frage, welche Beziehung die Arenberger noch zu ihrem einstigen Herzogtum haben, so: „Das Emsland bedeutet uns noch etwas."

Anmerkungen zum Beitrag von Henning Buck

1 Zitiert nach: Peter Veddeler, Die Entschädigung der Herzöge von Arenberg in Nordwestdeutschland. In: Franz-Josef Heyen/Hans-Joachim Behr (Hrsg.), Die Arenberger. Geschichte einer europäischen Dynastie. Bd. 2: Die Arenberger in Westfalen und im Emsland. Koblenz 1990, S. 19.
2 Wolf-Dieter Mohrmann, Die Standesherrschaft des Herzogs von Arenberg im Königreich Hannover. In: Heyen/Behr (wie Anm. 1), S. 143.
3 Veddeler (wie Anm. 1), S. 15f.
4 Vgl. Jürgen Kloosterhuis, Leichte Kavallerie „von besonderer Art". Das Regiment Chevau-Légers Belges [...] unter dem Kommando des Herzogs Prosper Ludwig von Arenberg. In: Heyen/Behr (wie Anm. 1), S. 77–89.
5 Vgl. Peter Neu, Die Arenberger und das Arenberger Land. Bd. 4: Das 19. Jahrhundert. Vom Souverän zum Standesherrn. Koblenz 2001, S. 244–267.
6 Ebd., S. 256.
7 Ebd., S. 262.
8 Vgl. Edgar Barwig, Waldvernichtung und Aufforstung im Emsland während des 18. und 19. Jahrhunderts (Schriftliche Hausarbeit, vorgelegt im Rahmen der Ersten Staatsprüfung für das Lehramt Sek. II, Münster 1987), insbes. S. 154ff.
9 Hans-Joachim Behr, Die Herzöge von Arenberg und die Landeskultur. In: Heyen/Behr (wie Anm. 1), S. 227–246, hier S. 228f.
10 Jean von Arenberg, Herzog Prosper Louis von Arenberg (1785–1861). In: Heyen/Behr (wie Anm. 1), S. 25–76, hier S. 64.
11 Neu (wie Anm. 5), S. 429.
12 Ebd., S. 449.
13 Ebd.
14 Jean von Arenberg, Die Edelherren, Grafen, Fürsten und Herzöge von Arenberg. In: Franz-Josef Heyen (Hrsg.), Die Arenberger. Geschichte einer europäischen Dynastie. Bd. 1: Die Arenberger in der Eifel. Koblenz 1987, S. 1–42, hier S. 4.

Anmerkungen zum Beitrag von Gerd Steinwascher

1 Vgl. etwa die zusammenfassende Darstellung von Harm Klueting, Geschichte Westfalens. Paderborn 1998, S. 237f.
2 Vgl. zum Folgenden die Forschungen von Peter Neu, Die Arenberger und das Arenberger Land. Bd. 1: Von den Anfängen bis 1616. Koblenz 1989 und Bd. 2: Die herzogliche Familie und ihre Eifelgüter 1616–1794. Koblenz 1995. – Sowie: Franz Josef Heyen, Die Arenberger. Geschichte einer europäischen Dynastie. Bd. 1: Die Arenberger in der Eifel. Koblenz 1987. Auf Einzelnachweise wird verzichtet.
3 Vgl. im Folgenden, soweit nicht anders vermerkt: Franz-Josef Heyen/Hans Joachim Behr (Hrsg.), Die Arenberger. Geschichte einer europäischen Dynastie. Bd. 2: Die Arenberger in Westfalen und im Emsland. Koblenz 1990. – Sowie: Peter Neu, Die Arenberger und das Arenberger Land. Bd. 4: Das 19. Jahrhundert. Vom Souverän zum Standesherrn. Koblenz 2001.
4 Christine und Gerd van den Heuvel, Aschendorf in standesherrlicher Zeit. In: Gerd Steinwascher (Hrsg.), Geschichte der Stadt Aschendorf. Papenburg 1992, S. 136.
5 Wolf-Dieter Mohrmann, Bemerkungen zur Geschichte von Verfassung und Verwaltung Papenburgs. In: Wolf-Dieter Mohrmann (Hrsg.), Geschichte der Stadt Papenburg. Papenburg 1986, S. 152ff.
6 Gesetz-Sammlung für die Königlich Preußischen Staaten 1875, S. 327–331.

Anmerkungen zum Beitrag von Michael Schmidt

1 Sammlung der Gesetze, Verordnungen und Ausschreiben für das Königreich Hannover 1826, 1. Abt., S. 167.
2 Alexander Geppert, Meppen. Abriß einer Stadtgeschichte. Meppen 1951, S. 126.
3 Für das Folgende: Edgar Barwig, Waldvernichtung und Aufforstung im Emsland während des 18. und 19. Jahrhunderts (Schriftliche Hausarbeit, vorgelegt im Rahmen der Ersten Staatsprüfung für das Lehramt Sek. II, Münster 1987), S. 117f.
4 Zahlen nach Hans-Joachim Behr, Die Herzöge von Arenberg und die Landeskultur. In: Franz-Josef Heyen/Hans-Joachim Behr (Hrsg.), Die Arenberger. Geschichte einer europäischen Dynastie. Bd. 2: Die Arenberger in Westfalen und im Emsland. Koblenz 1990, S. 230.
5 Barwig (wie Anm. 3), S. 119f.
6 Ebd., S. 125.
7 Behr (wie Anm. 4), S. 232.

8 Leo Piekenbrock, Das Herzogliche Haus Arenberg und die Stadt Meppen. In: Festschrift zur 600 Jahrfeier der Stadt Meppen. Im Auftrage der Stadt Meppen zusammengestellt und herausgegeben von [Hans] Kraneburg. Münster 1960, S. 22. Auch für das Folgende.
9 Barwig (wie Anm. 3), S. 205. Auch für das Folgende.
10 Ebd., S. 128.
11 Ebd., S. 200.
12 Ebd., S. 125.
13 Ebd., S. 128.
14 Ebd., S. 206.
15 Ebd., S. 134.
16 Die Wolle der Hümmlinger Schafe konnte allerdings nur zur Herstellung der Wollwaren, des so genannten Schudeguts, gebraucht werden, während für die Strumpffabrikation aus Qualitätsgründen auswärtige Wolle importiert werden musste, als der Konkurrenzdruck holländischer Fabrikanten zunahm.
17 Michael Schmidt, Wirtschaft und Verkehr im Herzogtum Arenberg-Meppen 1815–1875 (Emsland/Bentheim. Beiträge zur Geschichte 13). Sögel 1997, S. 88ff.
18 Ebd., S. 92.
19 Barwig (wie Anm. 3), S. 119.
20 Ebd., S. 207.
21 Behr (wie Anm. 4), S. 228f. Auch für das Folgende.
22 Ebd., S. 234.
23 Barwig (wie Anm. 3), S. 137.
24 Behr (wie Anm. 4), S. 229.
25 Ebd., S. 234f.
26 Für das Folgende siehe Barwig (wie Anm. 3), S. 139–157.
27 Für das Folgende siehe ebd. S. 210f.
28 Ebd., S. 214.

Anmerkungen zum Beitrag von Peter Neu

1 Schreiben Gieses an den Herzog, datiert in Papenburg am 28. April 1827: Archiv von Arenberg, Enghien (= AAE), Korrespondenz Stock – Giese, 69/13.
2 Zweites Schreiben Gieses vom selben Tag (28. April 1827: AAE, Korrespondenz Stock – Giese, 69/13).
3 Schreiben Stocks an Giese vom 25. Juni 1827: AAE, 69/13.
4 Schreiben Gieses an Stock vom 14. Juli 1827: AAE, 69/13.
5 Schreiben Gieses vom 21. Juli 1827: AAE, 69/13.
6 Ebd.
7 Schreiben Stocks an Giese vom 16. Juni 1827: AAE, 69/13.
8 Schreiben Gieses an Stock vom 18. August 1827: AAE, 69/13.
9 Das folgende nach einem Bericht des Rates Landschütz vom 14. August 1827: Korrespondenz Stock – Landschütz, 69/8.
10 Schreiben Gieses an Stock, datiert in Papenburg am 4. September 1827: AAE, 69/13.

Anmerkungen zum Beitrag von Eckard Wagner

1 Peter Neu, Die Arenberger und das Arenberger Land. Bd. 5: Das 19. Jahrhundert. Adelsleben – Besitz – Verwaltung. Koblenz 2001, S. 495–500.
2 Ebda., S. 495.
3 Ebda., S. 496.
4 Ebda., S. 444 f.
5 Das erste Mal war Prosper Ludwig im Sept./Okt. 1803 in Clemenswerth. Auf Anregung seines Vaters sollte das Land östlich der Schlossanlage urbar gemacht und mit Hilfe von Kolonisten aus Brabant ein Pachthof angelegt werden. Das Unternehmen scheiterte bereits 1805. Siehe: Peter Neu, Die Arenberger und das Arenberger Land. Bd. 6: Wirtschaft und Kultur. Koblenz 2001, S. 9.
6 Peter Neu, wie Anm. 1, S. 85.
7 Ebda., S. 42–45.
8 Ebda., S. 44.
9 Ebda., S. 45.
10 Ebda., S. 45.
11 Ebda., S. 462.
12 Karlheinz Haucke, August Reinking, 1776–1819. Leben und Werk des westfälischen Architekten und Offiziers. Münster 1991, S. 16–22.

13 Ebda., S. 29.
14 Ebda., S. 27 f.
15 Ebda., S. 33–40.
16 Ebda., S. 42 f.
17 Wolf-Dieter Mohrmann, Die Standesherrschaft des Herzogs von Arenberg im Königreich Hannover. In: Franz-Josef Heyen/Hans-Joachim Behr (Hrsg.), Die Arenberger in Westfalen und im Emsland. Koblenz 1990, S. 116.
18 Ebda., S. 116.
19 Karlheinz Haucke, wie Anm. 12, S. 44–50. – Vgl. auch Eckard Wagner, Das Jagdschloß Clemenswerth im Besitz der Herzöge von Arenberg. In: Franz-Josef Heyen/Hans-Joachim Behr (Hrsg.), Die Arenberger in Westalen und im Emsland. Koblenz 1990, S. 165 ff.
20 Die Pläne Schlauns zu Clemenswerth befanden sich noch 1910 im Hausarchiv in Clemenswerth selbst, wo sie Heinrich Hartmann für seine Schlaun-Biographie einsah. – Vgl. H. Hartmann, Johann Conrad Schlaun, Münster 1910, S. 70–104.
21 Peter Neu, wie Anm. 1, S. 263.
22 Ebda., S. 264.
23 Karlheinz Haucke, wie Anm. 12, S. 46 f., Abb. S. 337, 338.
24 Ebda., S. 47.
25 Ebda., S. 47.
26 Eckard Wagner, wie Anm. 19, S. 165 ff. – Die Pläne befinden sich heute im Arenberg-Archiv in Enghien. H. Hartmann hat diese Pläne fälschlicherweise A.J. Niehaus zugeschrieben. Vgl. H. Hartmann, vgl. Anm. 20, S. 79.
27 Karlheinz Haucke, wie Anm. 12, S. 56.
28 Ebda., S. 59.
29 Ebda., S. 64.
30 Ebda., S. 63.
31 Ebda., S. 281.
32 Peter Neu, Die Arenberger und das Arenberger Land. Band 4, Koblenz 2001, S. 244–267
33 Roswitha Poppe, Der Haselünner Architekt Josef Niehaus. In: Osnabrücker Mitteilungen, Band 68, 1959, S. 275. – Vgl. Alfred Gruse, 150 Jahre katholische Kirchengemeinde. In: 150 Jahre St. Prosper in Gehlenberg, Gehlenberg 1981, S. 14–26.
34 Ebda., S. 275.
35 Ebda., S. 273.
36 Ebda., S. 273 f.
37 Ulrich Thieme/Felix Becker, Allgemeines Lexikon der Bildenden Künstler, Bd. XXXIV, S. 137 (Artikel Laurent Vaudoyer).
38 Hermann Stieglitz, Handbuch des Bistums Osnabrück, 2. Aufl., Osnabrück 1991, S. 430.
39 Die Pläne zur 1744–46 errichteten St. Antonius-Kapelle in Wahn – siehe: Katalog Clemens August. Fürstbischof – Jagdherr – Mäzen. Meppen/Sögel 1987, S. 321–324.
40 Bernd Holtmann, Das Dekanat Hümmling. Kirchengeschichtliche Skizzen aus Vergangenheit und Gegenwart. Osnabrück (1966), S. 70, 74, 76.
41 Roswitha Poppe, wie Anm. 33, S. 277.
42 Ebda., S. 277.
43 Eckard Wagner, wie Anm. 26, S. 170 f.
44 Roswitha Poppe, wie Anm. 33, S. 284.
45 Landkreis Emsland (Hrsg.), Kulturführer des Landkreises Emsland – Baudenkmale. Meppen 1993, S. 270 ff. (Art. E. Wagner).
46 Roswitha Poppe, wie Anm. 33, S. 283.
47 Wie Anm. 45, S. 270 ff.
48 Wie Anm. 45, S. 94–96 (Art. E. Wagner).
49 Peter Neu, wie Anm. 1, S. 463.
50 Ebda., S. 463.
51 Roswitha Poppe, wie Anm. 33, S. 293.
52 Bernd Holtmann, wie Anm. 40, S. 112.
53 Werner Thissen (Hrsg.), Das Bistum Münster, Bd. III: Die Pfarrgemeinden. Münster 1993, S. 745–750.
54 Gustav Uelschen, Die Bevölkerung im Wirtschaftsgebiet Niedersachsen 1821–1939. Vgl. auch: Die Bevölkerung unserer Gemeinde (1821- 1939): Jahrbuch des Emsländ. Heimatvereins, Bd. 5, 1958, S. 139–143. – Den Hinweis verdanke ich Herrn Joseph Meyer, Werlte, der mir auch alte Aufnahmen der Sixtus-Kirche in Werlte zur Verfügung stellte.
55 Hermann Droste, Beiträge zur Geschichte der Pfarrei Werlte. Werlte (1974), S. 33.
56 Roswitha Poppe, wie Anm. 33, S. 289.

57 Angelika Seifert, in: Kulturführer des Landkreises Emsland – Baudenkmale (wie Anm. 45), S. 178.
58 Führer durch die Kathol. Pfarrkirche St. Bonifatius Lingen/Ems. Lingen 1997 (Text: Andreas Eiynck).
59 Roswith Poppe, wie Anm. 33, S. 303 – dort wird von einer Bauausführung 1846/47 gesprochen. Franz Guhe spricht von einer Verzögerung des Neubaus. Wie Franz Guhe, Kathol. Pfarrkirche St. Antonius in Papenburg, Papenburg 1997, S. 7.
60 Hermann Droste, wie Anm. 55, S. 30.
61 Bernd Holtmann, wie Anm. 40, S. 70, 74, 78, 96.
62 Ebda., S. 78.
63 Ebda., S. 77.
64 Ebda., S. 99.
65 Angelika Seifert, wie Anm. 57, S. 282.
66 Bernd Holtmann, wie Anm. 40, S. 41.
67 Arnold Wolff, 150 Jahre Zentral-Dombau-Verein zu Köln. In: Kölner Domblatt – Jahrbuch des Zentral-Dombau-Vereins, 57. Folge, 1992, S. 17/18.
68 Roswitha Poppe, wie Anm. 33, S. 308.
69 Peter Neu, wie Anm. 1, S. 119.
70 Walter Kloppenburg, Der Kirchenbaumeister Johann Bernhard Hensen aus Sögel (1828–1870) und der Kirchenbau seiner Zeit. In: Jahrbuch des EHB, Bd. 14, 1967, S. 88.
71 Ebda., S. 91, 93.
72 Ebda., S. 96.
73 Ebda., S. 89/90.
74 Ebda., S. 89. – wie auch: U.Thieme/F. Becker, wie Anm. 37, Bd. XXXIV, S. 614.
75 U. Thieme/F. Becker, wie Anm. 37, Bd. XVI, S. 98 (Artikel C.W. Hase).
76 G. Dehio, Handbuch der Deutschen Kunstdenkmäler, Bremen – Niedersachsen (bearb. von G. Kiesow, H.C. Hoffmann, Roswitha Poppe u.a.). Darmstadt 1977, S. 411 f.
77 Walter Kloppenburg, wie Anm. 70, S. 83 - 88.
78 wie Anm. 75, S. 98.
79 wie Anm. 75, S. 98.
80 Ebda., S. 98. – Siehe auch: U. Thieme/F. Becker, Bd. XXXIV, S. 397.
81 Walter Kloppenburg, wie Anm. 70, S. 89.
82 Ebda., S. 89/90.
83 Ebda., S. 92.
84 Ebda., S. 92.
85 Ebda., S. 94–97.
86 Ebda., S. 94.
87 Ebda., S. 96.
88 Bernward Deneke, Volkstümlicher Schmuck aus Nordwestdeutschland. Cloppenburg/Leer 1977, S. 12, Abb. S. 91–95. – Die für die Rütenbrocker Kirche zusammengetragene Sammlung von emsländischem Goldschmuck wurde damals verkauft, doch ihr Wert sofort erkannt, so dass sie in Privatbesitz fortbestand und heute zum schönsten Teil des volkstümlichen Schmucks im Niedersächsichen Museumsdorf Cloppenburg gehört (Nachrichtl. Prof. Dr. H. Ottenjann). – Das Emslandmuseum Schloss Clemenswerth, Sögel, konnte ein Exemplar des ehemaligen Bestands des Rütenbrocker Schmucks aus dem Cloppenburger Museum erwerben.
89 Angelika Seifert, siehe Anm. 57, S. 261/62. – In der Baugeschichte der neuen St. Jakobus-Kirche spielt auch der Architekt A.J. Niehaus eine wiederkehrende Rolle, als er 1844 erste Umbau- und Erweiterungspläne einreichte und in den zwei folgenden Jahrzehnten, in denen die Filialkirchengemeinden von Stavern, Spahnharrenstätte und Werpeloh heftig um die Notwendigkeit einer neuen Kirche in Sögel stritten, immer wieder zu Baugutachten herangezogen wurde. Siehe: Franz Groteschulte/Hermann Prinz, Die Jakobus-Kirche von Sögel – 1200 Jahre Kirchen- und Ortsgeschichte. Sögel (1991), S. 53–125
90 Kathol. Kirchengemeinde Lengerich (Hrsg.), St. Benedikt Lengerich – Kleiner Führer durch die Pfarrkirche, Lengerich o.J. (Text Franz Groteschulte)

Anmerkungen zum Beitrag von Christof Haverkamp

1 Hanns Fettweis, Die Wappen der Städte, Gemeinden und Altkreise des Emslandes. Lingen 1989, S. 88–89, 94–95.
2 Bernt Engelmann, Das ABC des großen Geldes – Macht und Reichtum in der Bundesrepublik – und was man in Bonn dafür kaufen kann. Köln 1985, S. 49–51, 181. – Vom selben Verfasser: Das Reich zerfiel, die Reichen blieben. Deutschlands Geld- und Machtelite. Hamburg 1972, S. 117–120, 275–277, 321 und: Die Macht am Rhein, Meine Freunde – die Geldgiganten, Band 1: Der alte Reichtum. München, 2. Aufl. 1973, S. 50–51.

3 U.a.: www.pages.prodigy.net/ptheroff/gotha/arenberg.html.
4 Schriftliche Mitteilung des Stifterverbandes für die Deutsche Wissenschaft vom 26. Juni 2002.
5 Weitere Mitglieder sind Prof. Dr. Heinz-Günther Borck, Direktor des Landeshauptarchivs Rheinland-Pfalz, als stellvertretender Vorsitzender, Professor Dr. Michael Matheus, Johannes-Gutenberg-Universität Mainz und Erich Steinsdörfer vom Stifterverband für die Deutsche Wissenschaft. Dem Vorstand eng verbunden ist als wissenschaftlicher Berater der frühere stellvertretende Vorsitzende Prof. Dr. Franz-Josef Heyen aus Koblenz.
6 Franz-Josef Heyen/Hans Joachim Behr (Hrsg.), Die Arenberger. Geschichte einer europäischen Dynastie. Band 2: Die Arenberger in Westfalen und im Emsland. Koblenz 1990.
7 Vgl. Staatsarchiv Osnabrück (künftig StAOs), Dep 62c. Die Arenberg-Meppen GmbH plant zwar für 2003 eine Jubiläumsschrift, gefeiert wird jedoch nicht die GmbH-Gründung, sondern das 200-jährige Bestehen der Grundbesitzverwaltung Arenberg-Meppen.
8 Engelmann, Das Reich ... (wie Anm. 2), S. 118, 277.
9 Vgl. ebd., S. 118, 277 und Bernd Haunfelder, Reichstagsabgeordnete der Deutschen Zentrumspartei 1871–1933. Biographisches Handbuch und historische Photographien (Photodokumente zur Geschichte des Parlamentarismus und der politischen Parteien 4). Düsseldorf 1999, S. 121.
10 StAOs, Dep 63b, Nr. 1026.
11 Fideikommiss ist ein Vermögen, das einer Familie dauernd erhalten bleiben soll und daher ungeteilt einer Person zugewandt wird (meistens dem ältesten Sohn). Diese Person hat zwar die Nutzungsrechte, nicht aber Verfügungsrechte wie etwa das Recht zum Verkauf. Das Fideikommiss war im Adel sehr verbreitet.
12 Herbert Mußinghoff, Das Grundeigentum des Hausvermögens der Arenberger. In: Heyen/Behr (wie Anm. 6), S. 269.
13 StAOs, Dep 62c, Akz. 29/91, Nr. 647.
14 Johannes Dierkes/Winfried Frölich, Die Geschichte des Eleonorenwaldes. In: Geschichten und Geschichte von Vrees, Werlte 1997, S. 209. – Vgl. Bernd Wippel, Der nächsten Generation alle Möglichkeiten geben – Ein Porträt des Forstbetriebes der Arenberg-Meppen GmbH. In: Holz-Zentralblatt vom 1. Juni 2001, Nr. 66, S. 863.
15 StAOs, Dep. 62c, Akz. 29/91, Nrn. 423, 742. Vgl. Thomas Schomaker, Zur Geschichte der Dampfpflugkulturen in den Privatforsten Arenberg-Meppen. Diplomarbeit, Göttingen 2000, S. 21. Der Wert des eingebrachten Grundvermögens war wesentlich höher.
16 StAOs, Dep 62c, Akz. 29/91, Nr. 423. – Vgl. Schomaker (wie Anm. 15), S. 21.
17 StAOs, Dep 62c, Akz. 29/91, Nr. 1031.
18 Schriftliche Mitteilungen von Winfried Frölich vom 5. August 2002. – Wippel (wie Anm. 14).
19 StAOs, Dep 62c, Akz. 29/91, Nr. 991: Beschluss vom 20. Dezember 1948.
20 StAOs, Dep 62c, Akz. 29/91, Nr. 1031.
21 StAOs, Dep 62c, Akz. 29/91, Nrn. 733, 1031, 1044, 1045.
22 Die Beteiligungsverhältnisse lassen sich frühestens seit 1948 nachweisen, wahrscheinlich bestanden sie bereits zuvor. Gesellschafter der Arenberg-Recklinghausen GmbH sind heute zu gleichen Teilen mit einem Stammkapital von jeweils 766 937 Euro Prinz Léopold von Arenberg und Erzherzogin Laetitia von Habsburg-Lothringen, geborene de Belzunce d'Arenberg, die 1956 adoptierte Stieftochter von Herzog Erik Engelbert. Die Arenberg-Recklinghausen GmbH verwaltet Grundstücke, Gebäude und Wohnungen. Das Unternehmen ist zusammen mit der Arenberg-Schleiden GmbH zu gleichen Teilen Gesellschafter der Arenberg Consult GmbH. Die Arenberg Consult GmbH ist in der Vermögensberatung und -verwaltung sowie der Vermittlung von Grundstücken, Gebäuden und Wohnungen tätig. Alle drei Unternehmen haben ihren Sitz in Düsseldorf.
23 Die gesamte Waldfläche im Landkreis Emsland belief sich 1997 auf 47 737 Hektar.
24 Mündliche Mitteilung von Winfried Frölich vom 27. Juni 2002 in Meppen.
25 Schriftliche Mitteilung von Winfried Frölich vom 5. August 2002.
26 Der Name findet sich erstmals am 11. Februar 1879. – Vgl. Dierkes/ Frölich (wie Anm. 14), S. 212.
27 StAOs, Dep 62c, Akz. 29/91, Nr. 1230. – Mündliche Mitteilung von Winfried Frölich vom 27. Juni 2002 in Meppen.
28 Schriftliche Mitteilung von Winfried Frölich vom 5. August 2002.
29 Wippel (wie Anm. 14). – Vgl. Julius Hobbeling, Die Holzverwertung und Wiederaufforstung in den Arenbergischen Waldungen im Emsland nach dem Orkan am 13.11.1972. In: Jahrbuch des Emsländischen Heimatbundes 25. Sögel 1979, S. 181–191.
30 Dierkes/Frölich (wie Anm. 14), S. 230.
31 Wippel (wie Anm. 14).
32 Schriftliche Mitteilungen von Winfried Frölich vom 5. August 2002.
33 Dierkes/Frölich (wie Anm. 14), S. 245–247.
34 StAOs, Dep 62c, Akz. 29/91, Nr. 468.

35 Schriftliche Mitteilung von Winfried Frölich vom 5. August 2002.
36 StAOs, Dep 62c, Akz. 29/91 Nrn. 742, 989. Das Stammkapital der Arenberg-Meppen GmbH wurde zu dieser Zeit von 400 000 DM auf zwei Millionen DM erhöht. – Vgl. Dierkes/Frölich (wie Anm. 14), S. 209. Anfang der 60er Jahre war Herzog Engelbert Charles auch Alleingesellschafter der Arenberg-Nordkirchen GmbH. – Vgl. StAOs, Dep 62c, Akz. 29/91, Nr. 1043.
37 Schriftliche Mitteilungen von Winfried Frölich vom 5. August 2002.
38 StAOs, Dep 62c, Akz. 29/91, Nr. 741.
39 Der ursprüngliche Name der Stiftung lautete: „Fondation De Leurs Altesses Serenissime Le Duc Engelbert Charles D'Arenberg Et La Duchesse Mathildis D'Arenberg De Callay" mit Sitz in Düsseldorf.
40 Handbuch des Bistums Osnabrück, 2. Aufl., Osnabrück 1991, mit Angaben bei den erwähnten Kirchengemeinden.
41 StAOs, Dep 62c, Akz. 29/91, Nr. 1118.
42 Bistumsarchiv Osnabrück, 08-11-94.
43 Vgl. Dierkes/Frölich (wie Anm. 14), S. 198–199 mit einem Foto des Stiftungsvorstandes.
44 Mündliche Mitteilung von Winfried Frölich vom 27. Juni 2002 in Meppen.
45 StAOs, Dep 62c, Akz. 29/91, Nrn. 742, 989.
46 Mündliche Mitteilungen von Frau U. S. aus Meerbusch vom 11. Juli 2002.
47 Auf den Streit um den Parkwald soll hier nicht näher eingegangen werden. Vgl. u.a. den ergänzungsbedürftigen Beitrag von Ellen Meyer, Trauerspiel oder Politposse?/Alleen beim Schloss Clemenswerth im Emsland vom Kahlschlag bedroht. In: Neue Zürcher Zeitung vom 17. Mai 2002.
48 Baedeker Allianz Reiseführer, Belgien. 5. Aufl., Ostfildern 2002, S. 251, 285.
49 Pressemitteilungen der Heinrich-Heine-Universität Düsseldorf, Nr. 105 vom 7. Juni 2000 und Nr. 299 vom 4. Februar 2002.
50 Landkreis Emsland (Hrsg.), Kulturführer des Landkreises Emsland. Baudenkmale. Meppen 1993, S. 94–96, 217, 269.
51 Schomaker (wie Anm. 15), S. 22.
52 Schriftliche Mitteilungen von Herzog Jean-Engelbert von Arenberg aus Lausanne (Schweiz) am 29. Juli 2002.
53 Beide starben in Düsseldorf. Ihre sterblichen Überreste wurden später nach Sögel überführt.
54 Schriftliche Mitteilungen von Prinz Léopold von Arenberg aus Pully (Schweiz) vom 22. Juli 2002.
55 Näheres im Internet unter www.arenbergcenter.com.
56 Der Preis wurde am 14. September 2002 im Akazienhof des Parks von Edingen/Enghien verliehen.
57 Die Arenberg-Stiftung hatte seit 1995 die Einrichtung einer Ausstellung im Schloss Clemenswerth betrieben. Nach Angaben des stellvertretenden Vorsitzenden der Stiftung, Prof. Borck, hat sie von diesen Plänen inzwischen Abstand genommen, weil mögliche Partner ausgeschieden seien und die Finanzierung nicht allein von der Stiftung getragen werden könne. Laut Konzept sollte unter anderem gezeigt werden, wie die Arenberger mit ihren Besitzschwerpunkten in der Eifel und im heutigen Belgien Standesherren im Emsland wurden. Dargestellt werden sollte außerdem die Standesherrschaft der Herzöge von Arenberg im Königreich Hannover, ferner die Person Herzog Prosper Ludwigs, dessen Regierungszeit fast identisch war mit dem Bestehen des Herzogtums Arenberg-Meppen. Im Übrigen sollte es um die Wirtschaft und den Widerstand der Herzöge von Arenberg gegen die hannoversche Ablösungsgesetzgebung seit 1827 gehen, um die karitative Tätigkeit der Arenberger und um ihr Interesse an der Erhaltung des Jagdschlosses Clemenswerth. – Schriftliche Mitteilungen von Prof. Dr. Heinz-Günther Borck vom 6. August 2002.

Autoren:
Dr. Henning Buck, Lotter Str. 90, 49078 Osnabrück
geb. 1955, Wissenschaftlicher Mitarbeiter an der Universität Osnabrück, hier Geschäftsführer des Veranstaltungsprogramms „Osnabrücker Friedensgespräche" und Redakteur des „Osnabrücker Jahrbuch Frieden und Wissenschaft".
Veröffentlichungen u. a.: Emsland literarisch. In: Jahrbuch des Emsländischen Heimatbundes 43, 1997 (zugleich separat erschienen als Sonderband 1997); Kolonisierung einer nordwestdeutschen Region: Literarische Zeugnisse über das Emsland seit dem 18. Jahrhundert. In: Der Landkreis Emsland. Geographie, Geschichte, Gegenwart – Eine Kreisbeschreibung, Meppen 2002.

Dr. Christof Haverkamp, Prenzlerweg 19, 49080 Osnabrück
geb. 1961, Redakteur der „Neuen Osnabrücker Zeitung"; Mitglied der Studiengesellschaft für Emsländische Regionalgeschichte; Mitglied in der Redaktion der Reihe „Emsländische Geschichte".
Veröffentlichungen u. a.: Die Erschließung des Emslandes im 20. Jahrhundert als Beispiel staatlicher regionaler Wirtschaftsförderung (Emsland/Bentheim). Beiträge zur Geschichte 7), Sögel 1991 (Dissertation); Die Heuerleutebewegung im 20. Jahrhundert im Regierungsbezirk Osnabrück. In: Emsländische Geschichte 6; Das Emsland – Ein illustriertes Reisehandbuch, Bremen 2001.

Dr. Peter Neu, Im Plattenpesch 6, 54634 Bitburg
geb. 1935, Realschulrektor i. R.
Studium der Geschichte, Volkskunde und Germanistik an den Universitäten Köln und Freiburg i. Brsg., Tätigkeit am Atlas der Deutschen Volkskunde in Bonn, anschließend im Schuldienst in Bassum, seit 1962 in Bitburg/Eifel. 1970–1978 Fachleiter für Geschichte am Staatlichen Studienseminar Trier, 1978–1995 Leiter einer Realschule in Bitburg.
Veröffentlichungen u. a.: Zahlreiche Veröffentlichungen zur Geschichte und Volkskunde des Raumes Maas-Mosel-Rhein, seit 1985 vornehmlich Studien und Publikationen zur Geschichte des Hauses Arenberg.

Dr. Michael Schmidt, Ernst-Weber-Str. 49, 49080 Osnabrück
geb. 1965, Korrektor im Verlagshaus Meinders & Elstermann, Osnabrück. Seit 1992 Beschäftigung mit der regionalen Wirtschafts- und Verkehrsgeschichte des Emslandes; z. Zt. Mitarbeit an der geplanten Geschichte der Stadt Meppen; im September 2002 Verleihung des (regionalgeschichtlichen) Preises des Herzogs von Arenberg.
Veröffentlichungen u. a.: Wirtschaft und Verkehr im Herzogtum Arenberg-Meppen 1815–1975 (Emsland/Bentheim 13), Sögel 1997 (Dissertation); Beiträge zum selben Themenkreis sowie zum emsländischen Handwerk u. a.: im Jahrbuch des Emsländischen Heimatbundes; im Niedersachsenbuch 1998; in dem Band: Der Landkreis Emsland. Geographie, Geschichte, Gegenwart – Eine Kreisbeschreibung, Meppen 2002.

Dr. Gerd Steinwascher, Harmsweg 12 b, 26125 Oldenburg
geb. 1953, Ltd. Archivdirektor des Niedersächsischen Staatsarchivs Oldenburg.
Veröffentlichungen u. a.: Beiträge zur rheinischen, hessischen, mecklenburgischen, vor allem aber zur niedersächsischen Landesgeschichte, u. a.: Osnabrück und der Westfälische Frieden. Die Geschichte der Verhandlungsstadt (1641–1650) (Osnabrücker Geschichtsquellen und Forschungen 42), Osnabrück 2000; Gestapo Osnabrück meldet … Polizei- und Regierungsberichte aus dem Regierungsbezirk Osnabrück aus den Jahren 1933 bis 1936 (Osnabrücker Geschichtsquellen und Forschungen XXXVI), Osnabrück 1995; Mitherausgeber und Autor von: Der Landkreis Emsland. Geographie, Geschichte, Gegenwart – Eine Kreisbeschreibung, Meppen 2002; zahlreiche Beiträge im Jahrbuch des Emsländischen Heimatbundes.

Eckard Wagner, Schloss Clemenswerth, 49751 Sögel
geb. 1941, Museumsdirektor des Emslandmuseums Schloss Clemenswerth; seit 1972 Mitglied in der Redaktion des Jahrbuches des Emsländischen Heimatbundes.
Veröffentlichungen u. a.: Der kunstindustrielle Zinnguß zwischen Klassizismus und Jugendstil. In: Kunst des 19. Jh. im Rheinland, Bd. 5 Kunstgewerbe, Düsseldorf 1981; Mitautor an mehreren Publikationen über das Jagdschloss Clemenswerth, u. a.: Clemens August – Fürstbischof, Jagdherr, Mäzen. Katalog zu einer kulturhistorischen Ausstellung aus Anlaß des 250jährigen Jubiläums von Schloß Clemenswerth, Hrsg. Landkreis Emsland, Meppen/Sögel 1987; Aufsätze über den Kurfürsten Clemens August und das Kunsthandwerk im 18. Jahrhundert (Glas, Fayencen, Porzellan) u. a. m.; Katalogbearbeitungen zur modernen deutschen Keramik und zur Malerei, Graphik und Handzeichnung des Neuen Realismus; zahlreiche Beiträge zur Kunst- und Kulturgeschichte des Emslandes im Jahrbuch des Emsländischen Heimatbundes.

Titelbilder:
Umschlag Vorderseite: Von herzoglich-arenbergischen Förstern angelegt: die große, doppelreihig begrenzte Allee im Karlswald zwischen Klein Berßen und Apeldorn
Vorsatz: Der Tod des Hartmann de Arberch. Der Legende über den Ursprung der Arenberger entstammt das Wappen mit den Mispelblüten, die in veränderter Form heute auch das Wappen des Landkreises Emsland zieren
S. 2/3: Blick auf das Hümmlingdorf Börger
Nachsatz: Der Name Arenberg ist im Emsland seit dem 19. Jahrhundert eng mit der Forstwirtschaft verbunden. Hart traf den Forstbetrieb der Orkan vom 13. November 1972. Innerhalb von zwei Stunden wurden rund 550 000 Festmeter Holz zu Boden geworfen, das in jahrelanger Arbeit aus den Wäldern geräumt wurde
Umschlag Rückseite: Der „kleine Prinz" – Bronzestandbild des Prinzen Engelbert Karl von Arenberg (1899–1974), 1909 von dem Münsteraner Bildhauer Hermann Hidding geschaffen, an seinem neuen Standort im Klostergarten des Schlosses Clemenswerth

Fotonachweis:
Archivfotos und Zeichnungen von Verfassern und aus Privatbesitz;
Emslandmuseum Schloss Clemenswerth, 49751 Sögel;
Werner Franke, 49808 Lingen-Schepsdorf; Joseph Meyer, 49757 Werlte; Helmut Tecklenburg, 49170 Hagen a.T.W.

Karte S. 26: Entnommen aus Karl-Eberhard Nauhaus, Das Emsland im Ablauf der Geschichte. Sögel 1984, S. 49.

Die Drucklegung erfolgte mit Unterstützung
der Nordland Papier GmbH, Dörpen,
ein Unternehmen der UPM-Kymmene Gruppe
UPM

Bibliografische Information Der Deutschen Bibliothek
Die Deutsche Bibliothek verzeichnet diese Publikation in der Deutschen Nationalbibliografie; detaillierte bibliografische Daten sind im Internet über http://dnb.ddb.de abrufbar.

Verlag:	Emsländischer Heimatbund e.V., Schloss Clemenswerth, 49751 Sögel
Gestaltung:	Elmar Nordmann, 86508 Rehling/Obb.
Herstellung:	Druckerei Rasch, 49565 Bramsche

1. Auflage, Sögel 2003
ISBN 3–88077–087–5

Dieses Buch wurde gedruckt auf 115 g/m² **UPM *finesse* 300**,
total chlorfrei gebleichtes Bilderdruckpapier, alterungsbeständig
der Nordland Papier GmbH, 26892 Dörpen,
ein Unternehmen der UPM-Kymmene Gruppe
UPM

Alle Rechte an Text und Bildvorlagen einschließlich des auszugsweisen Abdrucks behält sich der Emsländische Heimatbund vor.

„Die Arenberger im Emsland" erscheint als Band 19 in der Reihe „Emsland – Raum im Nordwesten".

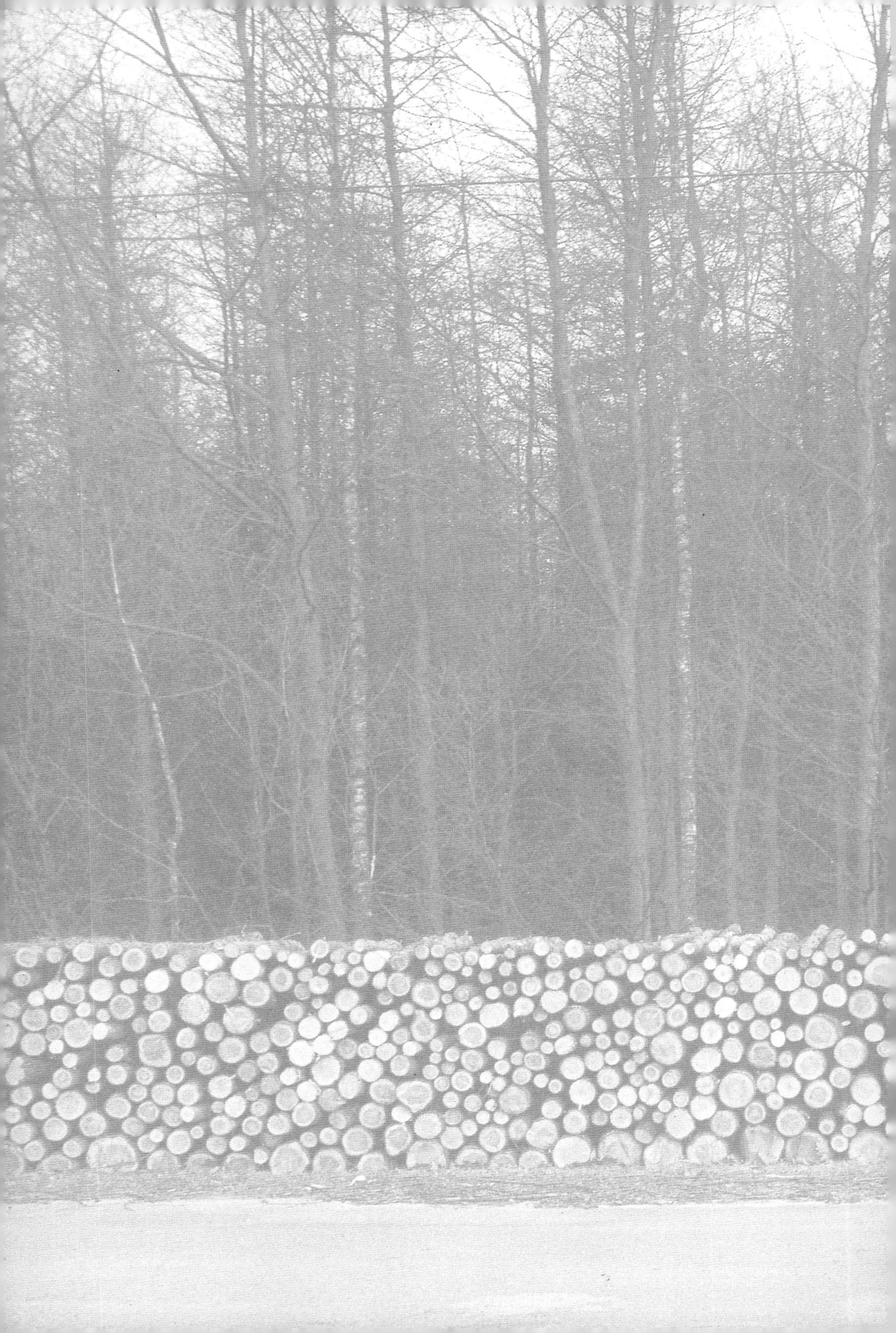